Ab dem 1. Semester
bis zum Referendariat

 *JURA* INTENSIV

KOMPAKT Strafrecht

Prüfungsschema • Definitionen • Probleme

Dr. Dirk Schweinberger

5. Auflage

Jura Intensiv Verlags UG & Co. KG, Dinslaken, April 2023

Herr **Dr. Dirk Schweinberger** ist Assessor und Franchisenehmer des Repetitoriums **JURA INTENSIV** in Frankfurt, Gießen, Heidelberg, Mainz und Marburg. Er wirkt seit über 22 Jahren als Dozent des Repetitoriums und ist Redakteur der Ausbildungs-zeitschrift RA – Rechtsprechungs-Auswertung. In den Skriptenreihen von **JURA INTENSIV** ist er Autor bzw. Co-Autor der Skripte: Strafrecht AT I und II, Strafrecht BT I und II, Irrtumslehre, Arbeitsrecht, Crashkurs Strafrecht, Crashkurs Strafrecht Bayern, Crashkurs Sammelausgabe Handels- & Gesellschaftsrecht, Crashkurs Arbeitsrecht, Kompakt Strafrecht, Basis-Fälle Handelsrecht, Basis-Fälle Strafrecht AT, Basis-Fälle Strafrecht BT I und II.

Autor
Dr. Dirk Schweinberger

Verlag und Vertrieb
Jura Intensiv Verlags UG (haftungsbeschränkt) & Co. KG
Duisburger Straße 95
46535 Dinslaken
info@verlag.jura-intensiv.de
www.verlag.jura-intensiv.de

Druck und Bindung
Druckerei Busch GmbH, Raiffeisenring 31, 46395 Bocholt

ISBN 978-3-96712-124-7

Inhalt

HANDLUNG

SCHEMA MIT DEFINITIONEN UND PROBLEMÜBERSICHT

Das vorsätzliche vollendete Begehungsdelikt

- **I. Tatbestand**
  - **1. Objektiver Tatbestand**
    - **a) Eintritt des tatbestandlichen Erfolges**
    - **b) Handlung des Täters**

    > **DEFINITION**
    > **Handlung** ist jedes menschliche Verhalten, das vom Willen beherrscht oder zumindest beherrschbar und damit auch vermeidbar ist.
    > ℗ Fehlende Handlungsqualität

    - **c) Kausalität zwischen der Handlung und dem Erfolg**
    - **d) Objektive Zurechnung des Erfolges zur Handlung**
  - **2. Subjektiver Tatbestand**
- **II. Rechtswidrigkeit**
- **III. Schuld**

DIE WICHTIGSTEN PROBLEME – LÖSUNGSANSÄTZE

℗ Fehlende Handlungsqualität

vis absolula, Reflex, krankheitsbedingte Zustände, Bewusstlosigkeit, Schlaf

Möglich: Zeitlich vorgelagertes sorgfaltspflichtwidriges Verhalten im Rahmen einer Fahrlässigkeitstat.
[Fall: Epileptiker E fährt trotz ärztlichen Verbots Auto. Als er während der Fahrt einen Anfall erleidet, kann er das Auto nicht mehr kontrollieren, wodurch Passant P angefahren und verletzt wird.]

Gutachten: § 229 durch das Anfahren prüfen und mangels Handlung ablehnen. Dann § 229 prüfen mit dem Obersatz: „Indem E trotz ärztlichen Verbots Auto gefahren ist, könnte er sich wegen fahrlässiger Körperverletzung gem. § 229 an P strafbar gemacht haben." Diese Strafbarkeit dürfte gegeben sein.

KAUSALITÄT UND ZURECHNUNG

SCHEMA MIT DEFINITIONEN

Das vorsätzliche vollendete Begehungsdelikt

I. Tatbestand
   1. Objektiver Tatbestand
      a) Eintritt des tatbestandlichen Erfolges
      b) Handlung des Täters
      c) Kausalität zwischen der Handlung und dem Erfolg

   DEFINITION

   Kausal für einen Erfolg ist eine Handlung, wenn sie nicht hinweggedacht werden kann, ohne dass der konkrete Erfolg entfiele.

      d) Objektive Zurechnung des Erfolges zur Handlung

   DEFINITION

   Dem Täter ist ein Erfolg **objektiv zuzurechnen**, wenn er durch seine Handlung eine rechtlich relevante Gefahr geschaffen hat, die sich im konkreten Erfolg verwirklicht hat.

   2. Subjektiver Tatbestand
II. Rechtswidrigkeit
III. Schuld

SCHEMA MIT PROBLEMÜBERSICHT

Das vorsätzliche vollendete Begehungsdelikt

I. Tatbestand
   1. Objektiver Tatbestand
      a) Eintritt des tatbestandlichen Erfolges
      b) Handlung des Täters
      c) Kausalität zwischen der Handlung und dem Erfolg
         ❷ Überholende/abgebrochene Kausalität
         ❷ Fortwirkende/anknüpfende Kausalität
         ❷ Kumulative Kausalität
         ❷ Alternative Kausalität
      d) Objektive Zurechnung des Erfolges zur Handlung
         ❷ Risiko- bzw. Schadensverringerung bzgl bereits bestehender Gefahr
         ❷ Atypische Kausalverläufe (Tod durch Blitzschlag)
         ❷ Eigenverantwortlichkeit des Opfers
         ❷ Dazwischentreten Dritter

DIE WICHTIGSTEN PROBLEME – LÖSUNGSANSÄTZE

ⓟ überholende/abgebrochene Kausalität

[Zweitereignis (z.B. Schuss) führt unabhängig vom Erstereignis (z.B. langsam wirkendes Gift) den Erfolg früher herbei.]

- Kausalität (+) bzgl. Zweitereignis (hypothetische Reserveursache egal!)
- Kausalität (-) bzgl. Erstereignis; diesbzgl. dann **Versuch** prüfen (in Tateinheit mit § 224 I Nr. 1, 5)!

Gutachten: Zuerst Prüfung des Zweitereignisses!

ⓟ kumulative Kausalität

[Zwei unabhängige Ursachen führen im Zusammenwirken den Erfolg herbei. Fall: A und B geben O unabhängig voneinander Gift. Nur im Zusammenwirken sind beide Giftdosen tödlich.]

Kausalität (+), aber i.d.R. keine obj. Zurechnung (atypischer Kausalverlauf); dann für jeden Täter **Versuch** prüfen (in Tateinheit mit § 224 I Nr. 1, 5).

ⓟ fortwirkende/anknüpfende Kausalität

[Zweitereignis führt anknüpfend an das Erstereignis den Erfolg früher herbei. Fall: Schuss auf das durch Gift geschwächte Opfer.]

- Kausalität (+) bzgl. Zweitereignis
- Kausalität (+), aber Zurechnungsproblem (!) beim Erstereignis. Zurechnung, wenn die Fortwirkung vom Täter geradezu „eingeplant" wurde oder wenn das Handeln des Dritten schon als Gefahr in der Ersthandlung angelegt war (vgl. dazu unten beim Dazwischentreten Dritter den „Gnadenschuss-Fall"). Wenn keine Zurechnung: **Versuch** prüfen (in Tateinheit mit § 224 I Nr. 1, 5).

Gutachten: Zuerst Prüfung des Zweitereignisses!

ⓟ alternative Kausalität

[Fall: Zwei Autobomben, die von zwei Tätern unabhängig voneinander gelegt wurden, explodieren absolut gleichzeitig.]

Kausalität (+) nach Modifikation der Äquivalenz-Formel.

DEFINITION

Von mehreren Handlungen, die zwar alternativ, aber nicht kumulativ hinweggedacht werden können, ohne dass der Erfolg entfiele, sind alle ursächlich.

Gutachten: Erst die normale Äquivalenz-Formel prüfen, das unbillige Ergebnis mangelnder Kausalität aufzeigen und dann das Problem durch die Modifikation der Äquivalenz-Formel lösen.

ⓟ Eigenverantwortlichkeit des Opfers

Diese setzt voraus, dass das Opfer das gefährdende Geschehen beherrscht; anderenfalls u.U. einvernehmliche Fremdgefährdung, welche eine Einwilligung (dort Näheres) darstellen kann.

ⓟ Dazwischentreten Dritter

Keine Unterbrechung des Zurechnungszusammenhangs, wenn das Handeln des Dritten schon als Gefahr in der Ersthandlung angelegt war (so im Gnadenschuss-Fall [BGH, MDR 1956, 526], wo im Rahmen eines Kriegsverbrechens A auf O schießt und B dem röchelnden O den Gnadenschuss gibt. → A und B sind wegen §§ 212, 211 als Nebentäter strafbar).

VORSATZ: IRRTÜMER AUF TB-EBENE

DEFINITIONEN

DEFINITION
Vorsatz ist der Wille zur Tatbestandsverwirklichung in Kenntnis aller seiner objektiven Tatumstände.

Formen des Vorsatzes:
- **Absicht** (dolus directus 1. Grades): Täter erkennt die Möglichkeit des Erfolgseintritts, wobei es ihm auf diesen Erfolg gerade ankommt.
- **Direkter Vorsatz** (dolus directus 2. Grades): Täter weiß sicher, dass der Erfolg eintreten wird, was er auch billigt bzw. womit er sich abfindet.
- **Eventualvorsatz** (dolus eventualis): Täter erkennt die Möglichkeit des Erfolgseintritts und billigt diesen, wobei es genügt, dass er sich mit dem Erfolg abfindet.

DIE PROBLEME – LÖSUNGSANSÄTZE

℗ Vorsatz zum **Erfolg** (-) bei **vorzeitigem Vorsatz** (dolus antecedens)
[Fall: Täter will den Erfolg bei Vornahme der Handlung nicht mehr.]

℗ Vorsatz zum **Erfolg** (-) bei **nachzeitigem Vorsatz** (dolus subsequens)
[Fall: Täter wollte den Erfolg bei Vornahme der Handlung noch nicht.]

℗ Vorsatz zum **Erfolg** (+) beim **kumulativen Vorsatz**
[Fall: Täter hält die Verwirklichung mehrerer Tatbestände mind. für möglich.]
Meist ergibt sich ein vollendetes und ein versuchtes Delikt. Zwischen beiden besteht Tateinheit gem. § 52.

℗ Vorsatz zum **Erfolg** (+) beim **alternativen Vorsatz**
[Fall: Täter hält die Verwirklichung entweder des einen oder des anderen Tatbestands mind. für möglich.]
Meist ergibt sich ein vollendetes und ein versuchtes Delikt. Zwischen beiden besteht Tateinheit gem. § 52.

℗ Vorsatz zum **Erfolg** bei **error in persona**
[Fall: Täter schießt auf X, weil er ihn irrig für seinen Feind F hält.]
Vorsatz bzgl. des getroffenen gleichwertigen (!) Objekts, da kein Fall des § 16 I gegeben ist, da der Name des Opfers kein Umstand ist, der zum Tatbestand gehört.

M.M. zum e.i.p.: Es liege zusätzlich noch ein Versuch am eigentlich gewollten Objekt vor. Abzulehnen, da der Vorsatz des Täters bereits im Rahmen des Vorsatzes bzgl. des getroffenen Objekts bejaht (und folglich „verbraucht") wurde. Dieser Vorsatz darf kein zweites Mal verwertet werden (Verbot der Doppelverwertung), weshalb der Tatentschluss abzulehnen ist.

Gutachten: Zuerst die Vollendung am „falschen" Objekt bejahen und dann erst den Versuch am „eigentlich gewollten" Objekt.

Ⓟ Vorsatz zum **Erfolg** bei **aberratio ictus** bzgl. des versehentlich getroffenen Objekts.
[Fall: Täter schießt auf F und trifft aus Versehen den X.]

h.M. (**Konkretisierungstheorie**) **(-)**, da der Täter den Vorsatz auf das anvisierte Objekt konkretisiert habe.

M.M. (**formelle Gleichwertigkeitstheorie**) **(+)**, wenn beide Objekte im Ergebnis rechtlich gleichwertig sind (z.B.: statt Mensch A wird Mensch B getroffen).

M.M. (es liegt ein Unterfall des Irrtums über den Kausalverlauf vor) nur **(+)**, wenn das Geschehen sich in den Grenzen der allgemeinen Lebenserfahrung bewegt und keine andere Bewertung der Tat gerechtfertigt ist.

Stellungnahme: Kein Kausalverlaufsirrtum, da schon ein Irrtum über den Erfolg gegeben ist (es stirbt „das falsche" Opfer). Die Th. der formellen Gleichwertigkeit unterstellt einen generellen Tötungsvorsatz, der gerade nicht vorliegt.

Gutachten: Immer erst prüfen, ob bzgl. des getroffenen Objekts ein Eventualvorsatz („Streuvorsatz") gegeben ist. Nur wenn nicht, liegt eine aberratio ictus vor. Nach Ablehnung des Vorsatzes für das getroffene Objekt werden **Versuch** (am anvisierten Objekt) und **Fahrlässigkeit** (am getroffenen Objekt) geprüft.

Ⓟ Vorsatz zum **Kausalverlauf: Irrtum über Kausalverlauf**
Nach BGH/h.L. Vorsatz zur vollendeten Tat, wenn unwesentliche Abweichung. Unwesentlich ist die Abweichung, wenn sich das Geschehen in den Grenzen der allg. Lebenserfahrung hält und keine andere Bewertung der Tat gerechtfertigt ist. Anderenfalls: Versuch und Fahrlässigkeit prüfen. (**Wesentlichkeitstheorie**)

Einaktiges Geschehen:
[Fall: Das mit Tötungsvorsatz geschlagene und getretene Opfer stirbt infolge stressbedingten Herzversagens.]
Tötungsvorsatz (und obj. Zurechnung) gegeben, da keine außerhalb jeder Wahrscheinlichkeit liegende Verkettung unglücklicher Umstände.

Mehraktiges Geschehen:
[Fall: Nach einer mit Tötungsvorsatz vorgenommenen Handlung wird die vermeintliche Leiche in der Jauchegrube entsorgt. Erst hierdurch ertrinkt das Opfer.]

1. M.M.: Immer Versuch und Fahrlässigkeit („**Versuchslösung**")

2. M.M.: Vorsatz zur vollendeten Tat, wenn alle Teilakte der Tat (also z.B. Schuss und spätere Beseitigung der – vermeintlichen – Leiche) vom Täter von Anfang an geplant waren. Anderenfalls Versuch und Fahrlässigkeit. (**Lehre vom Gesamtvorsatz**)

Stellungnahme: Gegen Versuchslösung: Keine Einzelfallgerechtigkeit; gegen Theorie vom Gesamtvorsatz: Sie eröffnet dem Einlassungsgeschick des Täters Tür und Tor. Auch beim mehraktigen Geschehen **Wesentlichkeitstheorie** folgen.

Gutachten beim mehraktigen Geschehen: „Gesamttat" als vorsätzliche Vollendung prüfen. Objektive Zurechnung problematisieren aber i.d.R. bejahen und dann im subj. TB Frage aufwerfen, ob der Täter Vorsatz zum Kausalverlauf hatte. Wenn nein, folgen Prüfungen wegen Versuch und Fahrlässigkeit.

Unterschied zur aberratio ictus: Bei dieser wird ein anderes (das falsche) Opfer getroffen.

NOTWEHR, § 32

SCHEMA MIT DEFINITIONEN

I. Objektive Voraussetzungen

1. Notwehrlage (Rein objektive Prüfung!)

- Angriff auf rechtlich geschütztes Interesse

> **DEFINITION**
> **Angriff** ist jede von einem menschlichen Verhalten ausgehende Bedrohung rechtlich geschützter Güter oder Interessen.

- Gegenwärtigkeit des Angriffs

> **DEFINITION**
> **Gegenwärtig** ist jeder Angriff, der unmittelbar bevorsteht („schmales Vorfeld des Versuchs"), gerade stattfindet oder noch andauert.

- Rechtswidrigkeit des Angriffs

> **DEFINITION**
> **Rechtswidrig** ist ein Angriff, der objektiv im Widerspruch zur Rechtsordnung steht, also nicht seinerseits durch einen RFG gedeckt ist und den der Betroffene auch nicht aus anderen Gründen zu dulden braucht.

2. Notwehrhandlung (Ex-ante-Perspektive eines besonnenen Bürgers)

- gegenüber dem Angreifer
- geeignet zur Angriffsabwehr

> **DEFINITION**
> **Geeignet** zur Abwehr des Angriffs ist jede Handlung, die nicht von vornherein als völlig abwehruntauglich erscheint.

- erforderlich zur Angriffsabwehr

> **DEFINITION**
> Die Verteidigung ist **erforderlich**, wenn sie das _relativ_ mildeste Mittel unter mehreren gleichermaßen sicher den Angriff abwehrenden Mitteln darstellt.

- geboten zur Angriffsabwehr

> **DEFINITION**
> **Geboten** ist die Verteidigung, wenn sie keinen Fall des Rechtsmissbrauchs darstellt.

II. Subjektive Voraussetzungen (Verteidigungswille)

SCHEMA MIT PROBLEMÜBERSICHT

I. Objektive Voraussetzungen
1. Notwehrlage
- **P** Meist saubere Arbeit am SV ausreichend.

2. Notwehrhandlung
- **P** Erforderlichkeit beim (Schuss-)Waffeneinsatz
- **P** Gebotenheit bei krassem Missverhältnis
- **P** Gebotenheit bei Notwehrprovokation

II. Subjektive Voraussetzungen (Verteidigungswille)
- **P** Anforderungen
- **P** Täter ist nur objektiv gerechtfertigt

DIE PROBLEME – LÖSUNGSANSÄTZE

P (Schuss-)Waffeneinsatz

Im Rahmen effektiver Verteidigung: Zuerst Warnung (Warn-Ruf und/oder Warn-Schuss), dann Beinschuss, dann Oberkörperschuss. Dennoch: Auch der **sofortige lebensgefährliche Einsatz** einer Waffe kann durch Notwehr gerechtfertigt sein.

P Gebotenheit bei krassem Missverhältnis

Klassiker: „Kirschbaum-Fall". Dennoch: Eine Ohrfeige gegen ein Kind kann gerechtfertigt sein.

P Gebotenheit bei Notwehrprovokation

Absichtsprovokation (Täter provoziert den Angriff, um „im Schutz des Notwehrrechts" den Provozierten verletzen zu können.): Keine Gebotenheit!

Genügt für **fahrlässige Provokation** (Rechtsfolge: **Ausweichen – Schutzwehr – Trutzwehr**) nur ein rechtswidriges (tatbestandsmäßiges) Vorverhalten, oder auch bereits „**sozialethisch zu missbilligendes Verhalten**" (so BGH)?

Gutachten: Immer erst eine mögliche Strafbarkeit durch das u.U. provozierende Vorverhalten prüfen, um Inzidentprüfungen zur Strafbarkeit des Vorverhaltens im Rahmen der Gebotenheit der Notwehr zu vermeiden!

Achtung: U.U. kann ein **Fahrlässigkeitsvorwurf** an das Vorverhalten angeknüpft werden! Dies setzt stets voraus, dass die Eskalation für den fahrlässig Provozierenden vorhersehbar war.

P Anforderungen an Verteidigungswillen

Nötig ist ein Handeln in Kenntnis der rechtfertigenden Sachlage und (nach h.M.) zusätzlich das Motiv, zumindest auch aufgrund der dadurch verliehenen Befugnis zu handeln. Hierfür spricht der Wortlaut z.B. der §§ 32, 34 („um...zu").

P Täter ist nur objektiv gerechtfertigt

[Fall: Es liegt obj. ein RFG vor, was der Täter aber nicht wusste.]

e.A.: Vollendung, da die rein zufällige objektive Rechtfertigung den Täter nicht privilegieren könne.

wohl h.M.: Bloßer Versuch, da durch das objektive Vorliegen des RFG eine Kompensation des Erfolgsunrechts eintritt.

Gutachten: Vollendung prüfen. Bei RWK Frage, wie sich Fehlen des subj. Elements auswirkt. Nach h.M. Vollendung ablehnen und dann Versuch prüfen. Bei Vorprüfung einen „rechtlichen Fall der Nichtvollendung" annehmen.

EINWILLIGUNG

SCHEMA MIT DEFINITIONEN

I. Objektive Voraussetzungen

1. Dispositionsbefugnis [(-) bei Leben und Rechtsgütern der Allgemeinheit]

DEFINITION

Dispositionsbefugnis fehlt bei Rechtsgütern, die der Disposition des Einzelnen entzogen sind.

2. Kundgabe vor der Tat

DEFINITION

Die über das betroffene Rechtsgut dispositionsbefugte Person muss mit voller Kenntnis der Sachlage der Rechtsgutsbeeinträchtigung zustimmt haben.

3. Einwilligungsfähigkeit

DEFINITION

Die Einwilligungsfähigkeit entspricht nicht §§ 105 ff. BGB, sondern die Verstandesreife genügt.

4. Keine Willensmängel

5. Keine Sittenwidrigkeit (nur bei Körperverletzung, § 228 StGB)

DEFINITION

Eine sittenwidrige Einwilligung liegt vor, wenn das Anstandsgefühlt aller billig und gerecht Denkenden verletzt ist.

II. Subjektive Voraussetzungen

SCHEMA MIT PROBLEMÜBERSICHT

I. Objektive Voraussetzungen
  🅟 Abgrenzung zur Selbstgefährdung

1. Dispositionsbefugnis [(-) bei Leben und Rechtsgütern der Allgemeinheit]

2. Kundgabe vor der Tat

3. Einwilligungsfähigkeit

4. Keine Willensmängel
   🅟 Wann liegt ein Willensmangel vor?

5. Keine Sittenwidrigkeit (nur bei Körperverletzung, § 228 StGB)
   🅟 Wann liegt Sittenwidrigkeit vor?

II. Subjektive Voraussetzungen

DIE PROBLEME – LÖSUNGSANSÄTZE

❸ Abgrenzung zur Selbstgefährdung

Selbstgefährdung schließt schon die Zurechnung aus. Wer eine solche Selbstgefährdung veranlasst, ermöglicht oder fördert, kann daher nicht bestraft werden. **Maßgeblich für die Abgrenzung** ist die Frage, wer das Geschehen beherrscht (**Tatherrschaft**). Kein Zurechnungsausschluss, wenn der Beteiligte kraft überlegenen Fachwissens das Risiko besser erfasst als der Selbstgefährdende, namentlich wenn das Opfer einem Irrtum unterliegt, der seine Selbstverantwortlichkeit ausschließt.

Gutachten: Sofern eine Selbstgefährdung in Betracht kommt, muss dies bereits im Tatbestand bei der Zurechnung behandelt werden. Sollte die Zurechnung bejaht werden, kommt dann im Rahmen der Rechtswidrigkeit u.U. eine rechtfertigende Einwilligung in Betracht.

❸ Wann liegt ein Willensmangel vor?

e.A.: Ein Willensmangel liegt nur vor, wenn er „rechtsgutsbezogen" ist. Schutz verdiene nur derjenige, der sein Rechtsgut unfreiwillig aufgabe, weil er zu dessen Aufopferung genötigt oder über Art und Umfang der an diesem Gut eintretenden Beeinträchtigung getäuscht werde.

a.A.: Jeder Willensmangel führt zur Unwirksamkeit der Einwilligung. Wegen des Schutzes der Autonomie des Rechtsgutsträgers, müsse diesem auch die täuschungsfreie Entscheidung über seine Rechtsgüter obliegen.

Die letztgenannte Auffassung verdient schon wegen der unklaren Abgrenzung, wann ein Irrtum nun „rechtsgutsbezogen" ist, den Vorzug.

❸ Wann liegt Sittenwidrigkeit gem. § 228 vor?

Die Einwilligung in eine KV ist sittenwidrig, wenn die Tat führt zu:

- einer schweren Entstellung des Opfers,
- einer schweren Verstümmelung des Opfers oder
- einer konkreten Lebensgefährdung des Opfers.
- Gleiches gilt, wenn eine der o.g. Folgen – vorausschauend betrachtet – droht!
- Wenn zwei Gruppen vereinbaren, sich miteinander zu schlagen („**3. Halbzeit**" bei Hooligans), blieben die Taten wegen des ihnen innewohnenden Eskalationsgefahren trotz der (konkludenten) Einwilligung sittenwidrig.

MUTMASSLICHE EINWILLIGUNG

SCHEMA

I. Objektive Voraussetzungen
1. **Vorliegen eines disponiblen Rechtsguts**
2. **Kein Vorliegen einer Einwilligung**
3. **Kein erkennbar entgegenstehender Wille des Rechtsgutsträgers**
4. **Einwilligungsfähigkeit des Betroffenen**
5. • **Handeln im materiellen Interesse des Betroffenen**
   • **(oder) Handeln, ohne schutzwürdige Interessen zu berühren**
II. Subjektive Voraussetzungen

DIE PROBLEME – LÖSUNGSANSÄTZE

℗ Sterbehilfe

1. **Sterbehilfe** durch Unterlassen, Begrenzen oder Beenden einer begonnenen medizinischen Behandlung (Behandlungsabbruch) ist gerechtfertigt, wenn dies dem tatsächlichen oder mutmaßlichen Patientenwillen entspricht (§ 1901a BGB) und dazu dient, einem ohne Behandlung zum Tode führenden Krankheitsprozess seinen Lauf zu lassen.
2. **Ein Behandlungsabbruch kann sowohl durch Unterlassen als auch durch aktives Tun vorgenommen werden.**
3. Gezielte Eingriffe in das Leben eines Menschen, die nicht in einem Zusammenhang mit dem Abbruch einer medizinischen Behandlung stehen, sind einer Rechtfertigung durch Einwilligung nicht zugänglich.

Gutachten: I.d.R. werden Voraussetzungen für einen wirksamen Behandlungsabbruch (Hilfe zum Sterben z.B. bei Koma-Fällen) nicht vorliegen. Fall wird für Prüfer erst interessant, wenn die Voraussetzungen nicht vorliegen, die Beteiligten dies aber dachten.
In Betracht kommt dann ein Irrtum über Rechtfertigungsgründe.

℗ Hypothetische Einwilligung

Diese aus der zivilrechtlichen Schadensdogmatik stammende Figur soll nach BGH im StrafR rechtfertigend wirken, wenn eine an sich mögliche Einwilligung nicht eingeholt wurde, der Patient allerdings bei wahrheitsgemäßer Aufklärung in die durchgeführte Maßnahme eingewilligt hätte und der Eingriff lege artis ausgeführt wurde. Zweifel gehen insoweit – „in dubio pro reo" – zu Gunsten des Arztes.

Es soll eine Parallele zur objektiven Zurechnung, nämlich dem rechtmäßigen Alternativverhalten, vorliegen.

Kritik der wohl h.L.: Schon die Parallele zum Fall des rechtmäßigen Alternativverhaltens versagt, weil nicht nur ein pflichtgemäßes Verhalten des Arztes (Aufklärung und Einholung der Einwilligung), sondern zusätzlich noch ein Opferverhalten (Einwilligungserklärung) hinzugedacht wird. Vor allem wird durch diese Rechtsfigur das – sonst vom BGH zu Recht hochgehaltene – Selbstbestimmungsrecht des Patienten ausgehöhlt.

Gutachten: In der Rechtswidrigkeit nach Einwilligung und mutmaßlicher Einwilligung prüfen.

FESTNAHMERECHT, § 127 I StPO

SCHEMA MIT DEFINITIONEN

I. Objektive Voraussetzungen

1. Festnahmelage

a) Frische Tat

DEFINITION

Frisch ist die Tat, wenn zwischen der Tatbegehung und der Aufnahme der Verfolgung ein enger zeitlicher und im Falle des „Betreffens" auch örtlicher Zusammenhang besteht.

b) Betroffen oder verfolgt

DEFINITION

Auf frischer Tat **betroffen** ist, wer bei Begehung einer rechtswidrigen Tat oder unmittelbar danach am Tatort oder in dessen unmittelbarer Nähe gestellt wird.

Auf frischer Tat **verfolgt** ist, wer sich zwar bereits vom Tatort entfernt hat, aber sichere Anhaltspunkte auf ihn als Täter hinweisen und seine Verfolgung zum Zwecke der Ergreifung aufgenommen wird.

c) Festnahmegrund

DEFINITION

Fluchtverdacht liegt vor, wenn die gerechtfertigte Annahme besteht, der Betroffene werde sich der Verantwortung durch Flucht entziehen, wenn er nicht alsbald festgenommen wird.

Die **Identität** des Betroffenen ist dann nicht sofort feststellbar, wenn sie nicht augenblicklich und an Ort und Stelle so festgestellt werden kann, dass der weiteren zügigen Strafverfolgung insoweit nichts im Wege steht.

2. Festnahmehandlung

DEFINITION

Festnahme ist jede Maßnahme, die zu einer Einschränkung der Fortbewegungsfreiheit führt. (Zulässig sind nach h.M. aber auch alle milderen Maßnahmen, wie z.B. die Wegnahme eines Ausweises zur Identitätsfeststellung oder des Kfz-Schlüssels zur Fluchtverhinderung.)

II. Subjektive Voraussetzungen (Festnahmewille)

SCHEMA MIT PROBLEMÜBERSICHT

I. Objektive Voraussetzungen

1. Festnahmelage

a) Frische Tat
ⓟ Genügt ein bloßer Tatverdacht?

b) Betroffen oder verfolgt

c) Festnahmegrund

2. Festnahmehandlung
ⓟ Schusswaffeneinsatz

II. Subjektive Voraussetzungen (Festnahmewille)

DIE PROBLEME – LÖSUNGSANSÄTZE

ⓟ Genügt ein bloßer Tatverdacht?

e.A. (prozessuale Theorie, viele OLG): Wer Zivilcourage zeigt, der muss bei begründetem Verdacht gerechtfertigt sein.

a.A. (materiell-rechtliche Theorie): Die Straftat muss objektiv vorliegen. Die Duldungspflicht des Betroffenen ist bei bloßem Verdacht nicht sachgerecht.

Folge: Nach prozessualer Theorie ist der Festnehmende gerechtfertigt, nach materiell-rechtlicher Theorie der Festgenommene gem. § 32.

Gutachten: I.d.R. Folgeproblem: Erlaubnistatbestandsirrtum desjenigen, der nicht gerechtfertigt ist. (Dieses Problem durch „falschen" Streitentscheid keinesfalls abschneiden, wenn nur nach Strafbarkeit eines Beteiligten gefragt ist.)

ⓟ Schusswaffeneinsatz

Androhung des Schusses und Warnschuss sind zulässig.
Schuss in die Beine nur bei schweren Kapitalverbrechen (selbst das ist str.!).
Die Tötung des Verdächtigen kann allerdings nie nach § 127 I 1 gerechtfertigt sein, weil sie dem Zweck der Vorschrift, die Durchführung eines Strafverfahrens zu sichern, evident zuwiderläuft.

NOTSTAND, § 34 (SUBSIDIÄR!)

SCHEMA MIT DEFINITIONEN

I. Objektive Voraussetzungen

1. Notstandslage

a) **Notstandsfähiges Rechtsgut**

b) **Gefahr für das Rechtsgut**

> **DEFINITION**
>
> Eine **Gefahr** liegt vor, wenn die tatsächlichen Umstände den Eintritt eines Schadens als wahrscheinlich erscheinen lassen.

c) **Gegenwärtigkeit**

> **DEFINITION**
>
> Eine **gegenwärtige** Gefahr ist ein Zustand, dessen Weiterentwicklung den Eintritt oder die Intensivierung eines Schadens ernstlich befürchten lässt, wenn nicht alsbald Gegenmaßnahmen ergriffen werden.

2. Notstandshandlung

a) **Eignung und Erforderlichkeit („nicht anders abwendbar")**

b) **Interessenabwägung („Abwägung der widerstreitenden Interessen")**

c) **Angemessenheit (§ 34 S. 2 StGB)**

II. Subjektive Voraussetzungen

SCHEMA MIT PROBLEMÜBERSICHT

I. Objektive Voraussetzungen

1. Notstandslage
   🅟 Prüfungsmaßstab

a) **Notstandsfähiges Rechtsgut**

b) **Gefahr für das Rechtsgut**

c) **Gegenwärtigkeit**
   🅟 Dauergefahr

2. Notstandshandlung

a) **Eignung und Erforderlichkeit („nicht anders abwendbar")**

b) **Interessenabwägung („Abwägung der widerstreitenden Interessen")**
   🅟 Prüfungsmaßstab

c) **Angemessenheit (§ 34 S. 2 StGB)**
   🅟 Eigener Prüfungspunkt?

II. Subjektive Voraussetzungen

DIE PROBLEME – LÖSUNGSANSÄTZE

ⓟ Prüfungsmaßstab der Notstandslage

Die Prüfung erfolgt – schon wegen des Begriffs der „Gefahr" – aus einer **ex-ante-Perspektive**. Die Bejahung einer Notstandslage hat eine Duldungspflicht des Opfers der Notstandstat zur Folge. Nach wohl h.M. muss deshalb eine **fachkundige** Bewertung der Sachlage zum Befund führen, dass eine Gefahr vorliegt. Folglich muss z.B. eine Verletzung oder Krankheit aus der Situation eines Arztes bewertet werden. Nach a.A. ist die Bewertung der Sachlage durch einen besonnenen Durchschnittsbürger maßgebend.

ⓟ Dauergefahr

Die Gegenwärtigkeit der Gefahr kann zu einem früheren Zeitpunkt vorliegen als die Gegenwärtigkeit des Angriffs bei § 32.

Möglich sind auch Fälle einer **Dauergefahr** („tickende Zeitbombe"). Dies wird z.B. relevant in den Haustyrannen-Fällen, wenn die Frau den Tyrannen erschießt, während dieser schläft. In diesem Fall zwar § 34 (-) [keine Abwägung Leben gegen Leben], aber nach M.M. § 35 (+). Der BGH nimmt allenfalls einen (vermeidbaren) Irrtum gem. § 35 II an.

ⓟ Prüfungsmaßstab der Interessenabwägung

Wertungen der §§ 228, 904 BGB beachten! → Ein völlig unbeteiligter Dritter muss weniger Rechtsgutsbeeinträchtigungen hinnehmen als derjenige, von dem (oder von dessen Rechtsgütern) die Gefahr ausgeht.

Das Gesetz sieht zwei Abwägungsebenen vor: Den abstrakten Rechtsgütervergleich und die konkrete Abwägung („Grad der drohenden Gefahr").

Keine Abwägung „Leben gegen Leben", aber u.U. Entschuldigung über § 35 (bei Sympathieperson), sonst kommt übergesetzlicher entschuldigender Notstand in Betracht.

ⓟ Angemessenheit als eigener Prüfungspunkt?

Nach h.M. eigenständiger Prüfungspunkt, um dem Solidaritätsgedanken Grenzen zu ziehen. Relevant z.B. bei **erzwungener Blutspende** zur Rettung eines Unfallopfers. Nach wohl h.M. nicht angemessen, da das Opfer als „lebende Blutkonserve" in seiner Würde verletzt werde. Nach a.A. führt der Vergleich mit § 81a StPO dazu, dass das Vorgehen zur Rettung eines Menschenlebens angemessen ist (Erst-Recht-Schluss).

SCHULD

SCHEMA MIT DEFINITIONEN

I. Tatbestand

II. Rechtswidrigkeit

III. Schuld

DEFINITION

Der Beteiligte handelt schuldhaft, wenn ihm die Tat persönlich vorzuwerfen ist.

SCHEMA MIT PROBLEMÜBERSICHT

I. Tatbestand

II. Rechtswidrigkeit

III. Schuld

- Ⓟ Verbotsirrtum, § 17
- Ⓟ Schuldunfähigkeit, § 20
- Ⓟ Verminderte Schuldfähigkeit, § 21
- Ⓟ Notwehrexzess, § 33
- Ⓟ Entschuldigender Notstand, § 35

DIE PROBLEME – LÖSUNGSANSÄTZE

Ⓟ Verbotsirrtum, § 17

Alle Verbotsirrtümer verlangen eine strikte Prüfung der Vermeidbarkeit des Irrtums. Grundsatz: Verbotsirrtümer sind vermeidbar.

„Normaler" Verbotsirrtum: Täter hält aufgrund falscher rechtlicher Wertung ein strafbares Verhalten für straflos. [Fall: Täter glaubt, eine Beleidigung sei nur gegenüber Volljährigen möglich.]
Unvermeidbar ist ein Verbotsirrtum erst dann, wenn der Täter alle seine geistigen Erkenntniskräfte eingesetzt und etwa aufkommende Zweifel durch Nachdenken oder erforderlichenfalls durch Einholung verlässlichen und sachkundigen Rechtsrats beseitigt hat. Die Auskunftsperson ist verlässlich, wenn sie sachkundig und unvoreingenommen ist und mit der Erteilung der Auskunft keinerlei Eigeninteresse verfolgt. Bloße Gefälligkeitsgutachten oder erkennbar mangelhafte Auskünfte eines Anwalts können die Unvermeidbarkeit nicht begründen. Insbesondere bei komplexen Sachverhalten und erkennbar schwierigen Rechtsfragen ist regelmäßig ein detailliertes, schriftliches Gutachten erforderlich, um einen unvermeidbaren Verbotsirrtum zu begründen.

Ⓟ Schuldunfähigkeit, § 20 und verminderte Schuldfähigkeit, § 21

Promillegrenzen als bloße Richtwerte/Indizien. Maßgebend ist stets der konkrete Einzelfall.

§ 20: 3,0 Promille [3,3 Promille bei schwersten Gewalttaten (v.a. vorsätzlichen Tötungsdelikten; Schlagwort: Hemmschwellen-Theorie)]

§ 21: 2,0 Promille [2,2 Promille bei schwersten Gewalttaten (v.a. vorsätzlichen Tötungsdelikten; Schlagwort: Hemmschwellen-Theorie)]

Achtung: Hemmschwellen-Theorie gilt nicht beim **U-Delikt**, deshalb dort keine Erhöhung der Promille-Grenze.

Ⓟ Notwehrexzess, § 33

Vss.: Der Täter muss sich in einem psychischen Ausnahmezustand mit einem Störungsgrad befunden haben, der eine erhebliche Reduzierung seiner Fähigkeit, das Geschehen zu verarbeiten, zur Folge hat.

§ 33 ist nur anwendbar auf den **intensiven** Notwehrexzess (beim extensiven Notwehrexzess hat der Täter gar kein Notwehrrecht [mehr], str.). Folglich schließen sich § 33 und **ETBI** im Regelfall aus. Irrt sich der Täter allerdings „nur" über die Intensität des Angriffs, kann im Einzelfall § 33 auch im Rahmen des fahrlässigen Delikts (Folge des ETBI) zur Anwendung kommen (BGH, 3 StR 450/10).

Gutachten: § 33 „ersetzt" auf Schuldebene nur die fehlende Erforderlichkeit bzw. Gebotenheit.
→ Im Rahmen der Schuld muss die Prüfung von (Gebotenheit und) Verteidigungswille nachgeholt werden. Nur wenn auch diese vorliegen, greift § 33.

Ⓟ Entschuldigender Notstand, § 35

Bei „Sympathiepersonen" ist auch eine Entschuldigung gem. § 35 bei einer Abwägung **„Leben gegen Leben"** möglich. Sofern keine Sympathiepersonen betroffen sind, kommt ein übergesetzlicher entschuldigender Notstand in Betracht.
Insoweit ist vor allem zu berücksichtigen, ob bestimmte Personen ohnehin unrettbar verloren sind (z.B. Passagiere im von Terroristen entführten Flugzeug; „Morituri-Argument").

ACTIO LIBERA IN CAUSA

SCHEMA MIT DEFINITIONEN

Wenn die a.l.i.c. anerkannt wird, setzt die vorsätzliche a.l.i.c. stets voraus:

- Vorsatz zur Berauschung an sich
- Vorsatz im Zeitpunkt der Berauschung hinsichtlich der zu begehenden Tat
- Vorsatz im Zeitpunkt der „eigentlichen" Tathandlung

Man nennt dies den „Tatbestand der a.l.i.c.": Fehlt auch nur einer dieser „drei Vorsätze", kommt nur noch Fahrlässigkeit in Betracht.

DIE PROBLEME – LÖSUNGSANSÄTZE

ⓟ Die a.l.i.c. beim fahrlässigen Delikt

[Fall: Täter betrinkt sich, obwohl er weiß, dass er noch Auto fahren muss, und fährt einen Fußgänger an.]

Die a.l.i.c. ist beim **fahrlässigen Erfolgsdelikt** nicht „nötig", weil auf das Berauschen als vorgelagerten Sorgfaltspflichtverstoß abgestellt werden kann.

ⓟ Anerkennung der a.l.i.c. bei Vorsatzdelikten

[Fall: Täter betrinkt sich, um im schuldunfähigen Zustand seinen Feind zu töten.]

Hier „droht", dass der Täter nur gem. § 323a bestraft werden kann. Die „Idee" der a.l.i.c. ist, den Täter dennoch wegen §§ 212, 211 bestrafen zu können.

M.M.: Generell gem. Art. 103 II GG **unzulässige Analogie** zum Nachteil des Täters.

M.M.: **Ausnahmemodell**: Ausnahmsweise muss die Schuld nicht i.S.d. § 20 *„bei* Begehung der Tat" vorliegen. Es genügt, wenn die Berauschung schuldhaft erfolgt ist. Damit ist die a.l.i.c. auf alle Tatbestände anwendbar. (Kritik: Verletzung des Prinzips, dass alle Voraussetzungen der Strafbarkeit gleichzeitig im Zeitpunkt der Tatbegehung erfüllt sein müssen, sog. Koinzidenzprinzip [= Gleichzeitigkeitsprinzip].)

BGH: **Modifiziertes Tatbestandsmodell**: Die gesamte Tat (also nicht nur die Schuld, sondern auch Tatbestand und Rechtswidrigkeit) wird in das Stadium der Berauschung vorverlagert, wodurch dem Koinzidenzprinzip Rechnung getragen wird.

Folglich kann die a.l.i.c. auf alle **verhaltensgebundenen Delikte** (z.B. §§ 315c, 316 und Mordmerkmale der 2. Gruppe) **nicht** angewendet werden, weil das vom Gesetz beschriebene Verhalten (Führen des Fahrzeugs und anrollen der Räder) nicht in der Berauschung liegt.

Möglich ist die a.l.i.c. aber bei den **reinen Erfolgsdelikten**, da schon nach der Äquivalenz-Theorie alle Bedingungen gleichwertig sind.

Stellungnahme: Gegen Verfassungswidrigkeit: Es liegt ein Rechtsmissbrauch des Täters vor. Gegen Ausnahmemodell: Verletzung des Gleichzeitigkeitsprinzips.

Gutachten: 1. Vollständige Prüfung des Delikts im eigentlichen Tatzeitpunkt. Ablehnung der Schuld. 2. Prüfung des Delikts mit a.l.i.c. unter Einbeziehung der Berauschung in den Obersatz. Sofort Frage aufwerfen, ob Täter aus dem „eigentlich" verwirklichten Delikt bestraft werden kann, weil die Schuldunfähigkeit mutwillig herbeigeführt wurde. Nach Stellungnahme zum Meinungsstreit auf Basis des BGH-Modells bei einem reinen Erfolgsdelikt dann den oben im Schema dargestellten Tatbestand der a.l.i.c. mit dem 3-fachen Vorsatz prüfen.

ⓟ Unmittelbares Ansetzen zum a.l.i.c.-Versuch:

- Theorie vom ersten Schluck
- Ansetzen im Zeitpunkt des Eintritts der Schuldunfähigkeit
- Ansetzen erst im Zeitpunkt der „eigentlichen" Ausführungshandlung

ⓟ error in persona in Zeitpunkt der „eigentlichen" Tatbegehung

[Fall: Täter betrinkt sich, um im schuldunfähigen Zustand seinen Feind zu töten. Er verwechselt jedoch den Feind mit einem Dritten und erschießt diesen.]

BGH: Unbeachtlich, da sich in der Fehlindividualisierung ein durch die Alkoholisierung geschaffenes Risiko verwirklicht hat.

Wohl h.L.: aberratio ictus, da die innere Verknüpfung zwischen der im Zeitpunkt der Berauschung geplanten Tat und der tatsächlichen begangenen Tat zerrissen sei.

Gutachten: Im Rahmen des o.g. 3-fachen Vorsatzes stellt sich die Frage, ob der Täter den Vorsatz im Zeitpunkt der Berauschung hinsichtlich der zu begehenden Tat hat, weil das vorgestellte und das später getroffene Objekt nicht identisch sind.

h.L. klausurtaktisch wohl besser, da noch behandelt werden können: aberratio ictus, a.l.i.c.-Versuch und die Unnötigkeit der a.l.i.c. beim fahrlässigen Erfolgsdelikt.

IRRTÜMER ÜBER RECHTFERTIGUNGSGRÜNDE

SCHEMA MIT PROBLEMÜBERSICHT

  I. Tatbestand

  II. Rechtswidrigkeit

  III. Schuld

   ℗ Irrtum über Rechtfertigungsgründe

DIE PROBLEME – LÖSUNGSANSÄTZE

℗ Erlaubnisirrtum

DEFINITION
Unter einem **Erlaubnisirrtum** versteht man die irrige Annahme des Bestehens (die Existenz) eines tatsächlich nicht anerkannten oder die Überdehnung der rechtlichen Grenzen (den Umfang) eines anerkannten RFG.

Fällt als Wertungsirrtum über eine Rechtsfrage unter § 17 (Unterfall des Verbotsirrtums).
Irrtum ist in aller Regel vermeidbar.
Gutachten: Keine Darstellung des (unten beim ETBI ausgeführten) Meinungsstreits.
Prüfungsstandort: Schuld

℗ Doppelirrtum

DEFINITION
Bei einem **Doppelirrtum** stellt sich der Täter irrig Umstände vor, die für seine Rechtfertigung relevant sind, seine Tat wegen eines zusätzlichen Wertungsirrtums jedoch auch dann nicht rechtfertigen würden, wenn sie tatsächlich vorliegen würden.

[Fall: Täter glaubt, dass er angegriffen wird. In dieser Situation verteidigt er sich in einer nicht erforderlichen (oder auch gebotenen) Weise, wobei er meint, dass seine Verteidigung von der Rechtsordnung gedeckt sei.]

Lösungsansatz: § 16 I ist die – im Vergleich zu § 17 – für den Täter deutlich günstigere Irrtums-regelung, da sie ohne Vermeidbarkeitsprüfung zum Ausschluss der Vorsatzstrafe führt.
→ Anwendung der Grundsätze des Erlaubnisirrtums (Erst-Recht-Schluss im Vergleich zum Erlaubnisirrtum: Das Mehr an Irrtum kann den Täter nicht privilegieren.) → § 17

Gutachten: Keine Darstellung des (unten beim ETBI ausgeführten) Meinungsstreits, da Erst-Recht-Schluss zwingend.
Prüfungsort: Schuld, da §17 angewendet wird.

ⓟ Erlaubnistatbestandsirrtum (ETBI)

DEFINITION
Beim **ETBI** nimmt der Täter irrig einen Umstand an, der, wenn er tatsächlich vorläge, die Tat rechtfertigen würde. Der ETBI ist **reiner Sachverhaltsirrtum**!

Beachte: In Betracht kommt z.B. bei § 32 auch ein Irrtum über die **Intensität des Angriffs** oder auch über die **Gegenwärtigkeit des Angriffs**.

3 Haupt-Theorien zur Einordnung des fehlenden _Unrechtsbewusstseins_:
Strenge Schuldtheorie: Auch beim ETBI gilt, schon vom Wortlaut her, § 17, was i.d.R. (wegen Vermeidbarkeit des Irrtums) zur Vorsatzstrafe führen würde.

2 eingeschränkte Schuldtheorien (h.M., so auch BGH, ohne sich zu positionieren):
Der ETBI ist ein SV-Irrtum, weshalb § 16 I als sachnähere Vorschrift anzuwenden ist. Da § 16 I vom Umstand spricht, der zum **Tatbestand** gehört, ist die Anwendung auf den RFG eine analoge, die aber zulässig ist, weil sie zum Vorteil des Täters ist, da ansonsten der strengere § 17 eingreifen würde.

Streitig ist, wie die analoge Anwendung von § 16 I zu begründen ist:

Lehre vom Ausschluss des Vorsatzunrechts: Vorsatz hat 2 Komponenten: Vorsatz TB zu verwirklichen und Vorsatz, Unrecht zu tun; die letztere Vorsatzkomponente fehlt beim ETBI. (Folge: Keine vorsätzliche rw Haupttat i.S.v. §§ 26, 27.)

rechtsfolgenverweisende Variante: Bloßer Ausschluss der Schuld, da § 17 das (fehlende) Unrechtsbewusstsein als Schuldkomponente vorgibt. Folge: Der sog. „Vorsatzschuldvorwurf" entfällt. (Folge: vors. rw Haupttat gegeben)

M.M. an manchen Unis: Lehre v. d. negativen TBM, die § 16 I direkt anwendet.

Stellungnahme beim Haupttäter nur gegen strenge Schuldtheorie: Täter im ETBI ist „an sich rechtstreu", er ist bloß unsorgfältig bei dem Erkennen der tatsächlichen Umstände. Das entspricht einem bloßen Fahrlässigkeitsvorwurf, vgl. § 16 I 2.

ⓟ Verortung des Problems im Gutachten
Gutachten: In der Schuld (oder eigenem Prüfungspunkt) zu prüfen. (sehr str.!) Dies ermöglicht die **zusammenhängende Prüfung aller Irrtümer über RFG an _einer_ Stelle im Gutachten.** Prüfung in RWK (so Lehre vom Vorsatzunrecht, da die Tat nicht subjektiv rechtswidrig sei) führt bei komplexen Fällen mit mehreren Irrtümern zu Problemen. [„Gießkannen-Prinzip" im Gutachten vermeiden!]

Wichtig: Bei Prüfung des Irrtums **hypothetische Prüfung** des RFG auf Basis der Tätervorstellung zur **Abgrenzung von ETBI und Doppelirrtum.** (Vgl. ETBI-Definition „... der, wenn er ... vorläge, die Tat rechtfertigen würde.")

Bei Prüfung in der Schuld muss im Streitfall (vors. rw Haupttat bei Prüfung der §§ 26/27) die Lehre vom Ausschluss des Vorsatzunrechts abgelehnt werden.
Beim Irrenden nach Ablehnung der Vorsatztat **Strafbarkeit wegen fahrlässiger Tatbegehung** prüfen. Verletzte Sorgfaltspflicht: Tatsächliche Umstände verkannt.

Beim **„unvermeidbaren" ETBI** scheidet die Fahrlässigkeit aus (BGH, 2 StR 375/11).

TATBESTAND DES VERSUCHS

SCHEMA MIT DEFINITIONEN

I. Vorprüfung

1. Nichtvollendung

2. Strafbarkeit des Versuchs

II. Tatentschluss

DEFINITION

Der Tatentschluss umfasst den Vorsatz und alle sonstigen subjektiven Tatbestandsmerkmale, insbesondere Absichten.

III. Unmittelbares Ansetzen

DEFINITION

Der Täter setzt zur Verwirklichung des Tatbestands an, wenn er auf der Basis seines Tatplans subjektiv die Schwelle zum „**jetzt geht es los**" überschritten hat und Handlungen vorgenommen hat, die nach seiner Vorstellung von der Tat **ohne wesentliche Zwischenschritte** in die Tatbestandsverwirklichung einmünden sollen und deshalb das **Rechtsgut** nach der Vorstellung des Täters bereits **gefährdet** ist.

IV. Rechtswidrigkeit

V. Schuld

VI. Rücktritt

SCHEMA MIT PROBLEMÜBERSICHT

I. Vorprüfung

1. Nichtvollendung

2. Strafbarkeit des Versuchs

II. Tatentschluss
   - **℗** Einzelfälle

III. Unmittelbares Ansetzen
   - **℗** Auflauerungsfälle
   - **℗** Bei Mittäterschaft
   - **℗** Bei vermeintlicher Mittäterschaft
   - **℗** Bei mittelbarer Täterschaft
   - **℗** Bei a.l.i.c. (siehe oben)

IV. Rechtswidrigkeit

V. Schuld

VI. Rücktritt

DIE PROBLEME – LÖSUNGSANSÄTZE

ⓟ Auflauerungsfälle
Kein Ansetzen bei bloßer Auflauerung, aber (+), wenn Einwirkung in Opfersphäre („Lockruf"; z.B. das Klingeln an der Wohnungstür des Opfers, welches der Täter überfallen will**).**

ⓟ Ansetzen bei Mittäterschaft
Gesamtlösung: Gleicher Zeitpunkt wie bei Alleintäterschaft (M.M.: Einzellösung)

ⓟ Fall der bloß vermeintlichen Mittäterschaft
[Fall: Es „setzt eine Person an", die objektiv kein Mittäter (mehr) ist, aber vom Täter irrig für einen Mittäter gehalten wird.]
e.A.: Hier fehlt schlicht die Zurechnungsvoraussetzung des § 25 II, weil die Mittäterschaft objektiv nicht besteht.
a.A.: Es genügt wg. § 22 („seine Vorstellung von der Tat") der entspr. Vorsatz des Täters, der den vermeintlichen Komplizen für einen Mittäter hält.

Gutachten: Tatentschluss bejahen und dann beim Ansetzen prüfen, ob z.B. das Klingeln als Ansetzen zugerechnet werden kann.

ⓟ Ansetzen bei mittelbarer Täterschaft
Unstreitig Ansetzen des Hintermanns, wenn das Werkzeug bereits angesetzt hat.

Fraglich, ob schon früher ein Ansetzen gegeben ist.

M.M.: Nein. Das Ansetzen des Werkzeugs ist Bedingung für die Bejahung des Ansetzens des Hintermanns.

M.M.: Ja, sogar schon bei Beginn der Einwirkung auf das Werkzeug.

h.M.: Ja, wenn Täter das Geschehen so aus der Hand gegeben hat, dass es ohne längere zeitliche Unterbrechung unmittelbar in die Tatbestandsverwirklichung einmünden soll und aus seiner Sicht das Rechtsgut bereits konkret gefährdet ist.

ⓟ Ansetzen bei Fallenstellung (z.B. Autobombe)
(In derartigen Fällen ist schon str., ob ein Fall mittelbarer Täterschaft mit dem Opfer als „Werkzeug gegen sich selbst" vorliegt – wohl eher abzulehnen.)

Nach **BGH** ist maßgeblich, ob für den Täter der Eintritt des Erfolges feststeht oder er ihn für sehr wahrscheinlich hält.

A.A.: Ansetzen, wenn und weil das Geschehen aus der Hand gegeben wird. So vor allem die Autoren, die von mittelbarer Täterschaft ausgehen.

RÜCKTRITT VOM VERSUCH

SCHEMA MIT DEFINITIONEN

Rücktritt

1. Kein Fehlschlag

DEFINITION

Fehlgeschlagen ist ein Versuch, wenn der Täter nach seiner Vorstellung von der Tat davon ausgeht, dass er mit den ihm zur Verfügung stehenden Mitteln den tatbestandsmäßigen Erfolg entweder gar nicht mehr oder zumindest nicht mehr ohne zeitlich relevante Zäsur herbeiführen kann.

2. Rücktrittsverhalten

§ 24 I 1 1. Var.:

DEFINITION

Ein Versuch ist **unbeendet**, wenn der Täter nach seiner Vorstellung von der Tat noch nicht alles zur Herbeiführung des Erfolgs Notwendige getan hat.

§ 24 I 1 2. Var.:

DEFINITION

Ein Versuch ist **beendet**, § 24 I 1 2. Fall, wenn der Täter nach seiner Vorstellung von der Tat bereits alles zur Herbeiführung des Erfolgs Notwendige getan hat.

3. Freiwilligkeit

DEFINITION

Freiwillig ist ein Entschluss, wenn er Ausdruck freier Selbstbestimmung des Täters ist, dieser also noch Herr seiner Entschlüsse ist.

SCHEMA MIT PROBLEMÜBERSICHT

Rücktritt

1. Kein Fehlschlag
- ❷ Anerkennung des Fehlschlags als Ausschlussgrund
- ❷ (potentiell) mehraktiger Versuch

2. Rücktrittsverhalten
- ❷ Abgrenzung § 24 I oder II
- ❷ Erreichung eines außertatbestandlichen Handlungsziels
- ❷ „halbherziger" Rücktritt
- ❷ korrigierter Rücktrittshorizont

3. Freiwilligkeit
- ❷ Anforderungen

DIE PROBLEME – LÖSUNGSANSÄTZE

❷ Anerkennung des Fehlschlags als Ausschlussgrund

Nach h.M. im Begriff „aufgibt" angelegte Rechtsfigur: „aufgeben" kann man nur, was man [subjektiv] noch verwirklichen kann.

❷ Fehlschlag: (potentiell) mehraktiger Versuch

[Fall 1: T hat 3 Schuss Munition, was er auch weiß. Er will 2 Schüsse auf O abgeben, um ihn zu töten. T schießt 2 x daneben und hört dann auf.]

[Fall 2: T hat 2 Schuss Munition, was er auch weiß. Er will 1 Schuss auf O abgeben, um ihn zu töten. T schießt 1 x daneben und hört dann auf.]

M.M.: **Einzelaktstheorie**, wonach jede an sich zur Herbeiführung des Erfolgs geeignete Handlung, wenn sie nicht zum Erfolg führt, einen Fehlschlag begründet [dagegen: „Sekundenstrafrecht", da ein einheitlicher Lebenssachverhalt zerrissen wird und rücktritts- und dadurch auch opferfeindlich]

M.M.: Gesamtbetrachtung nach der **Tatplantheorie**, also Fehlschlag wenn ursprünglicher Plan „abgearbeitet" ist [dagegen: Einlassungsgeschick des Täters, weil Tatplan in der Praxis kaum nachweisbar ist]

H.M.: Gesamtbetrachtung nach der Lehre vom **Rücktrittshorizont**. Fehlschlag nur, wenn Täter nach letzter Handlung keine weiteren Optionen mehr erkennt. In beiden Fällen nur nach dieser Ansicht kein Fehlschlag.

❷ Abgrenzung § 24 I oder II

*[Fall: Rücktritt wie **ein** Mann oder wenn andere Beteiligte nicht am Tatort sind.]*
Nach BGH auch in diesem Fall § 24 II 1, allerdings kann der Täter dann durch bloßes Aufhören die „Vollendung der Tat verhindern".
Wohl h.L.: Anwendung von § 24 I 1, da typische Gefahr von § 24 II (andere Beteiligte machen weiter) nicht besteht. Rein dogmat. Streit; Erg. i.d.R. identisch.

❷ Erreichung eines außertatbestandlichen Handlungsziels

[Fall: Im Rahmen eines Tötungsversuchs mit Eventualtötungsvorsatz hat der Täter sein Primärziel (z.B. Verpassen eines „Denkzettels") erreicht.]

M.M. (-), da der Täter keine honorierenswerte Verzichtsleistung an den Tag lege, wenn er nur deshalb nicht mit der Tötung fortfahre, weil er sein primäres Ziel erreicht habe.

BGH/h.M. (+), da nur vom TB zurückgetreten werden muss, d.h. der Täter muss im Beispiel „nur" mit der Tötung aufhören. Anderenfalls ergibt sich eine Privilegierung des Täters mit z.B. Tötungs*absicht*, da diesem von der M.M. bescheinigt werden würde, dass er mit der Tötung auf ein ihm primär wichtiges Ziel verzichtet habe. Der Täter, der mit bloßem Eventualvorsatz handelt kann nicht schlechter stehen als derjenige, der mit Absicht handelt!

Gutachten: wohl besser beim Merkmal „Aufgeben" im Rahmen der Rücktrittshandlung (nach a.A. bei der Freiwilligkeit)

℗ „halbherziger" Rücktritt

[Fall: T fährt das von ihm verletzte Opfer nur in die Nähe der Notaufnahme. Das Opfer schleppt sich den restlichen Weg selbst und wird gerettet.]

M.M. (Bestleistungstheorie): Kein Rücktritt, da der Täter es nicht dem bloßen Zufall überlassen dürfe, ob das Opfer gerettet werde oder nicht.

Nach h.M. (Chanceneröffnungs-Theorie) ist es ausreichend, wenn der Täter mit Rettungswillen eine rettende Kausalkette in Gang setzt. Eine „Bestleistung" dürfe nicht verlangt werden, da ein „ernsthaftes" Bemühen in § 24 I 1 und II 1 gerade nicht verlangt wird (vgl. insoweit den abweichenden Wortlaut in § 24 I 2 und II 2 bei der nicht-kausalen Rücktrittshandlung).

℗ korrigierter Rücktrittshorizont

[Fall: Täter sticht dem Opfer in den Nacken und ruft: „Jetzt bist du erledigt!" Das Opfer hingegen bleibt stehen: „Spinnst du?!" Der Täter lässt daraufhin vom Opfer ab.]

Maßgebend ist der „zweite Eindruck" des Täters, weil der zweite Eindruck des Täters näher an der Realität sein dürfte und dadurch den wahren Verletzungen des Opfers entsprechende Rettungshandlungen eher garantiert sind

℗ Anforderungen an die Freiwilligkeit

Keine Freiwilligkeit, wenn **kein autonomes Motiv** vorliegt, er also aufgrund einer äußeren oder inneren Zwangslage unfähig geworden ist, die Tat zu vollbringen (so BGH), oder (nach a.A.) bloße **„Verbrechervernunft"** zur Tataufgabe führt. Dies setzt voraus, dass der Täter dieses „Hindernis" wahrnimmt und es seine Willensentschließung zumindest mitbestimmt.

Das Rücktritts-Motiv muss aber nicht „ethisch hochwertig" sein. So kann z.B. auch ein freiwilliger Rücktritt vorliegen, wenn der Täter mit der Tötung des Nebenbuhlers aufhört, weil er die Tötung seiner Frau als „vorrangig" erachtet.

ABGRENZUNG TÄTERSCHAFT UND TEILNAHME

❷ Die Abgrenzungstheorien

DEFINITION h.L.
Täter ist, wer **Tatherrschaft** hat. Tatherrschaft hat, wer als Zentralgestalt des Geschehens den tatbestandsmäßigen Geschehensablauf steuernd in den Händen hält und nach seinem Gutdünken hemmen oder ablaufen lassen kann.

Ganz starkes Indiz bei Vermögensdelikten: Beuteteilung spricht für (Mit-) Täterschaft.

DEFINITION (modifizierte animus-Theorie) BGH
Täter ist, wer Täterwillen hat. Täterwillen hat, wer die Tat als eigene will. Der Täterwille ist anhand von (zumindest) vier Indizien wertend zu ermitteln. Es sind dies die Tatherrschaft, der Wille zur Tatherrschaft, der Grad des eigenen Tatinteresses und der Umfang der eigenen Tatbeteiligung.

Auch nach BGH kommt dem mangelnden eigenen Tatinteresse bei Begehungsdelikten „nur eine marginale indizielle Bedeutung zu", wenn wesentliche Tatbeiträge erbracht worden sind (BGH, 4 StR 425/07).

❷ Abgrenzung von § 216 und „Beihilfe zum Selbstmord"
Die Abgrenzung kann hier jedenfalls nicht nach der modifizierten Animus-Theorie des BGH erfolgen, da der Täter des § 216 grundsätzlich kein eigenes Interesse an der Tat hat. Deshalb stellt der BGH die Frage nach der Beherrschung des Geschehens (des unmittelbar lebensbeendenden Akts). Dabei liegt eine straflose „Beihilfe zum Selbstmord" solange vor, wie der Suizident jederzeit die Möglichkeit hat, den Tod aus eigener Kraft abzuwenden (so auch für den Fall eines einseitig fehlgeschlagenen Doppelsuizids).
Fraglich ist vor allem der Fall, in welchem der Suizident handlungsunfähig geworden ist. Nach e.A. (zumindest früher der BGH) soll in diesem Fall die Tatherrschaft auf den eben noch straflosen Gehilfen übergehen, da der Suizid nun nicht mehr freiverantwortlich sei. In Betracht kommt dann §§ 216, 13. In der Lehre wird dem häufig nur für den Fall des „verdeckten Hilferufs" gefolgt, nicht hingegen im Fall des sog. „Bilanzsuizids".

Gutachten: In der Klausur ist das Geschehen häufig in drei Teilakte aufgespalten. Z.B.: (1.) Freund stellt dem Suizidenten das Gift zur Verfügung. (2.) Der Suizident trinkt das Gift. (3.) Der Suizident verliert das Bewusstsein. Hier gilt: Bei (1.) liegt eine straflose Beihilfe zum Suizid vor und kein Fall des § 216. (Gutachten: § 216 prüfen und klären, dass es sich um keine Fremdtötung handelt.) Bei (2.) scheiden §§ 216, 13 (zumindest nach bisheriger BGH-Rspr.) so lange aus, wie der Suizident noch die Möglichkeit hat, selbst eine sein Leben rettende Handlung vorzunehmen. Bei (3.) kommt es häufig zu unterschiedlichen Lösungen: §§ 216, 13 nach e.A. (+), wenn und weil der Suizident sich nun selbst nicht mehr helfen kann. Nach h.L. §§ 216, 13 nur (+), wenn kein „Bilanzsuizid", sondern „verdeckter Hilfeschrei".

MITTÄTERSCHAFT, § 25 II

SCHEMA MIT DEFINITIONEN

Mittäterschaft i.S.v. § 25 II StGB verlangt

1. **ein arbeitsteiliges Zusammenwirken**
   Ausreichend ist grds. jede Mitwirkung an der Tatausführung, sofern sie nicht bloß von untergeordneter Bedeutung ist.

2. **aufgrund eines gemeinsamen Tatentschlusses.**
   Entschluss, ein bestimmtes Delikt gemeinschaftlich durch arbeitsteiliges Handeln zu verwirklichen.

SCHEMA MIT PROBLEMÜBERSICHT

Mittäterschaft i.S.v. § 25 II StGB verlangt

1. **ein arbeitsteiliges Zusammenwirken**
   - **℗** Abgrenzungstheorien von Täterschaft und Teilnahme
   - **℗** (Mit-)Täterschaft trotz fehlender Anwesenheit am Tatort („Bandenchef")

2. **aufgrund eines gemeinsamen Tatentschlusses.**
   - **℗** Mittäterexzess
   - **℗** Sukzessive Mittäterschaft (zwischen Vollendung und Beendigung)
   - **℗** Auswirkung des error in persona auf einen Mittäter

DIE PROBLEME – LÖSUNGSANSÄTZE

℗ Abgrenzungstheorien von Täterschaft und Teilnahme (s.o.)

[Fall: T bestiehlt E, S steht Schmiere.]

Gutachten: Zuerst für T § 242 I bejahen. Dann S wegen §§ 242 I, 25 II prüfen. Formulierung beim Merkmal Wegnahme: „Zwar ist der Gewahrsam des E gebrochen worden, jedoch durch eine Handlung des T. Fraglich ist, ob diese dem S zugerechnet werden kann. Dies wäre der Fall, wenn T und S Mittäter gem. § 25 II wären. Eine Mittäterschaft setzt voraus ..."

℗ (Mit-)Täterschaft trotz fehlender Anwesenheit am Tatort („Bandenchef")

h.L: **Lehre von der funktionalen Tatherrschaft:** Mittäterschaft (+); das Minus bei Tatausführung wird kompensiert durch das Plus in der (planenden) Vorbereitung.

M.M.: **strenge Tatherrschaftslehre:** Tatherrschaft nur, wenn z.B. durch Handy oder Funkgerät Kontakt zu den Ausführenden am Tatort besteht.

BGH folgt im Rahmen der modifizierten Animus-Theorie (s.o.) der Lehre von der funktionalen Tatherrschaft.

[Fall: A und B begehen einen Diebstahl, den D gut geplant hat. Alle drei teilen sich die Beute.]

Gutachten: Aufbau und Einleitung ins Problem wie oben.

ⓟ Mittäterexzess

Exzesshandlungen eines Mittäters werden den anderen Mittätern nicht zugerechnet, da es insoweit keinen gemeinsamen Tatentschluss gibt.

Gutachten: Bzgl. der Exzesshandlung fehlt es am gemeinsamen Tatentschluss.

ⓟ Sukzessive Mittäterschaft (zwischen Vollendung und Beendigung)

Kann im Stadium **zwischen Vollendung und Beendigung** noch in eine laufende Straftat als Mittäter „nachträglich" [sukzessiv] eingetreten werden?

Ja nach BGH, wenn

- Kenntnis und Billigung des bisherigen Geschehens,
- Willensübereinkunft zwischen Beteiligten,
- fördernder Tatbeitrag,
- Bewertung des Tatbeitrags als mittäterschaftlich erbracht (Indiz bei Vermögensdelikten: Beuteteilung)

h.L.: (-), da keine Arbeitsteilung i.S.v. § 25 II, keine quasi nachträgliche Tatherrschaft und unzulässige Anerkennung des dolus subsequens, da kein Vorsatz „bei Begehung der Tat" gem. § 16 I vorlag.

[Fall: A begeht einen Diebstahl, droht jedoch mit dem Abtransport der Beute zu scheitern. S kommt zufällig vorbei und bietet „Hilfe" an. A nimmt dankbar an. Beide teilen sich die Beute.]

Gutachten: Aufbau und Einleitung ins Problem wie oben im „Schmiere-Steher-Fall".

ⓟ Auswirkung des error in persona auf einen Mittäter

Fraglich ist, ob z.B. die Tötung der falschen Person durch den die Tat ausführenden Komplizen für die anderen Komplizen einen Mittäterexzess darstellt.

h.M.: Vorsatz (+), also kein Exzess, weil sich der Schütze subjektiv an den Tatplan hielt. Dies gilt sogar, wenn irrig auf einen Komplizen geschossen wird.
M.M.: Vorsatz (-), also Exzess, wenn und weil sich die Tat schon objektiv nicht mehr im Rahmen des Tatplans hält.

Gutachten: Aufbau und Einleitung ins Problem wie oben im „Schmiere-Steher-Fall". Dann fragen, ob die Erfolgsherbeiführung bzgl. des falschen Objekts noch aufgrund eines gemeinsamen Tatentschlusses erfolgte.

MITTELBARE TÄTERSCHAFT, § 25 I 2. Alt.

SCHEMA MIT DEFINITIONEN

1. **Erfolg**

2. **„durch einen anderen"**

   DEFINITION
   Durch einen anderen ist die Tat begangen, wenn nicht derjenige, dessen Strafbarkeit gerade geprüft wird, die Tathandlung vorgenommen hat.

3. **Verursachungsbeitrag, der Tatherrschaft verleiht**

SCHEMA MIT PROBLEMÜBERSICHT

1. **Erfolg**

2. **„durch einen anderen"**

3. **Verursachungsbeitrag, der Tatherrschaft verleiht**
   - **℗** Arten der Beherrschung
   - **℗** Täter hinter dem Täter
   - **℗** Auswirkung des error in persona auf den Hintermann

DIE PROBLEME – LÖSUNGSANSÄTZE

℗ Arten der Beherrschung bei mittelbarer Täterschaft

- **Wissensherrschaft** (Irrtumsherrschaft)
  [Fall: Krankenschwester weiß nicht, dass sich in der von ihr verabreichten Spritze Gift befindet. T hatte den Inhalt manipuliert.]
  Ebenso nach BGH beim Irrtum über die Tragweite („Irrtum über den konkreten Handlungssinn"): z.B. „Sirius-Fall".

- **Willensherrschaft** (Nötigungsherrschaft)
  [Fall: T zwingt W mit vorgehaltener Waffe, das Auto des O zu zerkratzen.]

- **Organisierter Machtapparat** (Staatsführung der DDR beherrscht die aufgrund des Schießbefehls abgegebenen Schüsse auf den Republikflüchtling; Übertragung wohl mögl. auf strikte Befehlsstrukturen z.B. bei Mafia)

- **Weisungsherrschaft** (z.B. Arzt ggü. Krankenschwester, Arbeitgeber ggü. Arbeitnehmer [nach M.M. bloß Anstiftung])

Das meist gegebene Deliktsminus des Werkzeugs kann auf allen Stufen des Prüfungsschemas liegen.

℗ Täter hinter dem Täter

[Fall: Arbeitgeber G verlangt vom Arbeitnehmer N, dass er einen Kunden betrügt.]
Ein Deliktsminus ist bei mittelbarer Täterschaft nach h.M. nicht zwingend nötig; sog.„**Täter hinter dem Täter**". Fallgruppen:

- innerhalb organisierter Machtapparate [Staatsführung der DDR; u.U. auch in Mafia-Strukturen],
- Weisungsherrschaft [Arzt/Krankenschwester; Arbeitgeber/Arbeitnehmer (str.)]
- Wissensherrschaft, z.B. über vermeidbaren Verbotsirrtum [„Katzenkönig"])

M.M.: Strenge Lehre vom Selbstverantwortungsprinzip, die für den „Hintermann" nur §§ 26, 27 als möglich ansieht und den „Täter hinter dem Täter" grdsl. ablehnt.

℗ Auswirkung des error in persona auf den Hintermann

[Fall: Krankenschwester K weiß nicht, dass sich in der von ihr verabreichten Spritze Gift befindet. T hatte den Inhalt manipuliert. Zusätzlich hat K noch die Patienten verwechselt und gibt dem „Falschen" die Spritze.]
e.A.: immer aberratio ictus (menschliches = mechanisches Werkzeug)
a.A.: nur aberratio ictus, wenn Hintermann selbst individualisiert hat
a.A.: Grundsätzlich unbeachtlich, also Vorsatz bzgl. der „getroffenen" Person, wenn sich das Geschehen noch in den Grenzen der allgemeinen Lebenserfahrung hält.

Gutachten: Zuerst Prüfung des Werkzeugs, also K. § 212 I (-) mangels Tötungsvorsatz. (Möglich aber § 222, je nach Sachverhalt.) Dann Prüfung des Hintermannes als mittelbarer Täter. Dort im Vorsatz die Frage klären, wie sich der error in persona des Werkzeugs auswirkt.

ANSTIFTUNG, § 26

SCHEMA MIT DEFINITIONEN

I. Tatbestand

  1. Objektiv

    a) vorsätzliche rechtswidrige Haupttat

    b) Bestimmen (= Hervorrufen des Tatentschlusses)

> **DEFINITION**
>
> Ein **Bestimmen** i.S.d. § 26 StGB liegt vor, wenn der Teilnehmer den Tatentschluss des Täters hervorruft.
>
> (-) beim „omnimodo facturus", der zur Tat bereits entschlossen ist
> (+) hingegen beim bloß „tatgeneigten"

  2. Subjektiv (Vorsatz bzgl.:)

    a) vorsätzliche rechtswidrige Haupttat

    b) Bestimmen

II. RWK

III. Schuld

SCHEMA MIT PROBLEMÜBERSICHT

I. Tatbestand

  1. Objektiv

    a) vorsätzliche rechtswidrige Haupttat
      ❷ Vorsatz-Fahrlässigkeits-Kombinationen
      ❷ Beim Erlaubnistatbestandsirrtum

    b) Bestimmen (= Hervorrufen des Tatentschlusses)
      ❷ Anforderungen an die Konkretisierung der Haupttat
      ❷ Aufstiftung
      ❷ Umstiftung hinsichtlich des Opfers
      ❷ Umstiftung hinsichtlich des Tatbestands
      ❷ Kettenanstiftung

  2. Subjektiv (Vorsatz bzgl.:)
    ❷ Generelle Anforderungen an den Anstiftervorsatz
    ❷ „agent provocateur"

II. RWK

III. Schuld

DIE PROBLEME – LÖSUNGSANSÄTZE

℗ Haupttat bei Vorsatz-Fahrlässigkeits-Kombinationen

Wegen § 11 II liegt eine vorsätzliche Haupttat vor, also z.B. §§ 227, 26/27 möglich. Beachte aber § 18: Der Teilnehmer muss bzgl. der fahrlässig herbeigeführten Folge ebenfalls mindestens fahrlässig handeln.

℗ Haupttat beim Erlaubnistatbestandsirrtum

Innerhalb der eingeschränkten Schuldtheorie (h.M.) nur nach der rechtsfolgenverweisenden Variante, welche die **Schuld**komponente des „Vorsatzschuldvorwurfes" entfallen lässt.

℗ Anforderungen an die Konkretisierung der Haupttat

Die Haupttat muss in ihren wesentlichen Merkmalen/Grundzügen konkretisiert sein. („Mach´ eine Bank!" genügt nicht als Anstiftung zu §§ 249/255.)

℗ Aufstiftung

[Fall: Zum Grunddelikt entschlossener Täter wird zur Qualifikation „aufgestiftet".]
BGH: § 26, da Aufstifter für das von ihm erhöhte Risiko voll einstehen müsse.
h.L.: § 27, da keine Anstiftung zur Qualifikation, ohne Anstiftung zum Grunddelikt.

℗ Umstiftung hinsichtlich des Opfers

[Fall: Täter will X töten und wird zur Tötung des Y „umgestiftet".]
Anstiftung bei höchstpersönlichen Rechtsgütern (Leben, Leib, Freiheit, Ehre), sonst (z.B. bei Eigentum) nur Beihilfe.

℗ Umstiftung hinsichtlich des Tatbestands

[Fall: Täter will X verprügeln und wird „umgestiftet", X zu bestehlen.]
Anstiftung, da völlig neuer Tatbestand, der anderes Rechtsgut schützt.

℗ Kettenanstiftung

Bei Teilnehmerketten bestimmt das schwächste Glied das Ergebnis.
Wichtig: Die Strafbarkeit ist immer auf diejenige des schlussendlichen Haupttäters zu beziehen und nur mit „§ 26" oder „§ 27" zu zitieren!
Somit ist nur die „Kettenanstiftung" eine Anstiftung zur Haupttat.
[Fall: A fragt B, ob er ihm einen „Killer" vermitteln könne, was B tut.]
In allen anderen Fällen „Beihilfe zur Anstiftung", „Anstiftung zur Beihilfe" und „Beihilfe zur Beihilfe" liegt stets nur eine Beihilfe zur Haupttat vor, die nur mit „§ 27" zu zitieren ist.

℗ Generelle Anforderungen an den Anstiftervorsatz

Der Vorsatz des Anstifters muss sich auf eine **bestimmte Straftat** und deren **Vollendung** beziehen. Ein „Bestimmen" ist nur möglich, wenn der Anstifter eine genauere Vorstellung von der Haupttat besitzt. Dies erfordert, dass dem Täter die konkrete Angriffsrichtung vorgegeben wird. Die präzise Kenntnis aller Tatumstände (Zeit, Ort, Objekt, Art der Ausführung) ist jedoch nicht erforderlich.

℗ „agent provocateur"

[Fall: Zwar soll der Einbruchsdiebstahl durch den Haupttäter vollendet werden, jedoch soll er sofort nach verlassen des Hauses verhaftet werden.]
Kein Anstiftervorsatz, wenn die Haupttat nur versucht werden soll. Ebenso, wenn Anstifter zwar die formelle Beendigung der Haupttat aber keine „irreparable Rechtsgutsverletzung" will (str.).

BEIHILFE, § 27

SCHEMA MIT DEFINITIONEN

I. Tatbestand

  1. Objektiv

    a) vorsätzliche rechtswidrige Haupttat

    b) Hilfe leisten

> **DEFINITION**
>
> Ein **Hilfeleisten** kann in jedem Tatbeitrag gesehen werden, der die Haupttat ermöglicht oder erleichtert oder die vom Haupttäter begangene Rechtsgutsverletzung verstärkt. („Rathilfe" und „Tathilfe")

  2. Subjektiv (Vorsatz bzgl.:)

    a) vorsätzliche rechtswidrige Haupttat

    b) Hilfe leisten

II. RWK

III. Schuld

SCHEMA MIT PROBLEMÜBERSICHT

I. Tatbestand

  1. Objektiv

    a) vorsätzliche rechtswidrige Haupttat

    b) Hilfe leisten

      P Ist eine Kausalität nötig?

      P Genügt eine Bestärkung im Tatentschluss?

      P Genügt ein berufstypisches Verhalten?

      P Abstiftung

      P Umstiftung hinsichtlich des Tatmittels

  2. Subjektiv (Vorsatz bzgl.:)

    P Generelle Anforderungen an den Gehilfenvorsatz

    a) vorsätzliche rechtswidrige Haupttat

    b) Hilfe leisten

      P Abgrenzung der sukzessiven Beihilfe zur Begünstigung, § 257

II. RWK

III. Schuld

DIE PROBLEME – LÖSUNGSANSÄTZE

ⓟ Ist eine Kausalität der Gehilfenhandlung für den Erfolg nötig?

[Fall: Das von G dem D geliehene Stemmeisen kommt beim Einbruch nicht zum Einsatz.]

BGH: Die Beihilfe muss nicht „kausal" sein und zwar weder im Sinne einer „Verstärkerkausalität" (so M.M.) noch im Sinne eines „Sich-Auswirkens" (M.M.).

ⓟ Genügt eine Bestärkung im Tatentschluss?

Nach BGH ja, weil dies die Haupttat fördert. Nach o.g. M.M. nur, wenn man in der Festigung des Tatentschlusses eine „Kausalität" ein „Sich-Auswirken" sieht (str.).

Die bloße **Anwesenheit am Tatort** reicht dazu allerdings nicht aus. Nötig ist, dass der Haupttäter in seinem Tatentschluss bestärkt oder ihm zumindest ein erhöhtes Sicherheitsgefühl vermittelt wurde.

ⓟ Genügt ein berufstypisches Verhalten/Alltagsverhalten als Beihilfe?

[Fall: Während einer Straßen-Schlägerei betritt der blutende T den Laden des G und kauft ein Messer. Mit diesem tötet er direkt vor dem Laden einen Gegner.]

Nach richtiger Ansicht geht es um die Frage, wann ein Verhalten eben gerade nicht mehr berufstypisch ist und somit der Bereich strafbaren Verhaltens erreicht ist. Bei der Fülle der hierzu vertretenen Ansätze geht es vor allem darum, mit einer guten Begründung zu einem vertretbaren Ergebnis zu kommen, welches kein Alltagsverhalten kriminalisiert.

ⓟ Abstiftung

[Fall: Täter T wird von der Qualifikation zum Grunddelikt „abgestiftet".]

§ 26 (-), da T bereits entschlossen (omnimodo facturus) und § 27 (-), da keine Zurechnung wegen Risikoverringerung. (Aber u.U. § 138!)

ⓟ Umstiftung hinsichtlich des Tatmittels

Bloße Beihilfe (z.B.: „Nimm keine Pistole, sondern einen Revolver.").

ⓟ Generelle Anforderungen an den Gehilfenvorsatz

[Fall: T fragt G, ob er ihm über das Wochenende mal sein Stemmeisen leihen könne. G fragt nicht weiter nach und tut dies. T begeht einen Einbruch.]

Während der Anstifter eine bestimmte Tat, insbesondere einen bestimmten Taterfolg vor Augen hat, erbringt der Gehilfe einen von der Haupttat losgelösten Beitrag (BGH, 3 StR 430/16). Es genügt bedingter Vorsatz, d.h. der Gehilfe muss seinen eigenen Tatbeitrag sowie die wesentlichen Merkmale der Haupttat, insbes. deren Unrechts- und Angriffsrichtung, zumindest für möglich halten und billigen. Einzelheiten der Haupttat braucht der Gehilfe hingegen nicht zu kennen und auch keine bestimmte Vorstellung von ihr zu haben. Das gilt insbesondere wenn sein Tatbeitrag nur zu deliktischen Zwecken verwendet werden kann.

ⓟ Abgrenzung der sukzessiven Beihilfe zur Begünstigung, § 257

[Fall: T hat Diebesbeute in Tatortnähe versteckt. G hilft beim Abtransport.]

Sofern (je nach SV) sukzessive Mittäterschaft abgelehnt wurde, kommt sukzessive Beihilfe in Betracht. Da die obj. Merkmale bei § 27 und bei § 257 identisch sind (§§ lesen!), in § 257 aber eine besondere Absicht verlangt wird („Absicht, die Vorteile der Tat zu sichern"), erfolgt die Abgrenzung im subj. TB:

- 27 (+), wenn Wille zur Beendigung der Haupttat *[so im Fall]*
- 257 (+), wenn Wille zur Sicherung des „Status quo"

Gutachten: Abgrenzung erst im subj. TB des § 27 beim Vorsatz zum Hilfeleisten.

GEMEINSAME PROBLEME VON ANSTIFTUNG UND BEIHILFE

SCHEMA MIT PROBLEMÜBERSICHT

I. Tatbestand

  1. Objektiv

    a) vorsätzliche rechtswidrige Haupttat

    b) Teilnahmehandlung (§ 26 oder § 27)

  2. Subjektiv (Vorsatz bzgl.:)

    a) vorsätzliche rechtswidrige Haupttat

      ℗ Auswirkungen des error in persona auf Teilnehmer („Rose-Rosahl")

    b) Teilnahmehandlung (§ 26 oder § 27)

  3. Tatbestandsverschiebung gem. § 28 II

    ℗ Lockerungen der Akzessorietät

II. RWK

III. Schuld

IV. Strafrahmenverschiebung gem. § 28 I

  ℗ Lockerungen der Akzessorietät

DIE PROBLEME – LÖSUNGSANSÄTZE

℗ Auswirkungen des error in persona auf Teilnehmer („Rose-Rosahl")

[Fall: Der Auftragskiller K verwechselt das Mordopfer. Anstifter A und Gehilfe G sind entsetzt.]

e.A. aberratio ictus: Die Teilnehmer hätten das Opfer gleichsam „geistig anvisiert" und die Tat des K sei aus ihrer Sicht fehlgegangen. Nach der Konkretisierungs-Theorie deshalb (nur) Strafbarkeit wegen Versuchs am gewollten Opfer und Fahrlässigkeit (hier § 222) möglich. Folge: § 30 I (versuchte Anstiftung zur Tötung am eigentlich gewollten Objekt), nach absoluter M.M.: Anstiftung zum Versuch am eigentlich gewollten Objekt (insoweit fehlt aber Haupttat: Verbot der Doppelverwertung; vgl. die Darstellung zum error in persona).

wohl h.M. (BGH): E.i.p. des Haupttäters i.d.R. unbeachtlich, wenn sich das Geschehene in den Grenzen des nach allgemeiner Lebenserfahrung Voraussehbaren hält (bzw. [so z.T. in der Lehre] ein Individualisierungsrisiko geschaffen wurde, das sich in der Personenverwechslung realisiert hat).

Ausnahme: Völlig unvorhersehbare Personenverwechslung, dann nur § 30 I.

Gutachten: Teilnahme an der Haupttat prüfen und beim Vorsatz des Teilnehmers zur Haupttat die Frage aufwerfen, ob er Vorsatz zu dieser Haupttat (am falschen Objekt) hatte.

℗ Lockerungen der Akzessorietät gem. § 28

Sofern besondere persönliche Merkmale, vgl. § 14 I, (z.B. die Stellung als Amtsträger oder als Garant) betroffen sind, kommen die Akzessorietätslockerungen des § 28 in Betracht.

Fehlt dem Teilnehmer ein besonderes persönliches Merkmal, welches die **Strafbarkeit** des Täters **begründet**, so muss seine Strafe gem. **§ 28 I** gemildert werden (**Strafrahmenverschiebung**). So z.B. wenn ein Nicht-Garant einen Garanten zu einer Unterlassung anstiftet. (Merke also: Die **Garantenstellung** ist ein strafbegründendes Merkmal i.S.v. **§ 28 I.**)

Liegen **strafschärfende** (oder mildernde) besondere persönliche Merkmale nur bei einem der Beteiligten vor, so gelten diese nur für den, bei dem sie vorliegen.
- Privatmann stiftet StA zu § 258a an. Folge: §§ 258, 26
- StA stiftet Privatmann zu § 258 an. Folge: §§ 258a, 26
  (Durchbrechung der Akzessorietät!)

Gutachten § 28 II: Nach der Prüfung des objektiven und subjektiven Tatbestands der Teilnahme ist das Problem aufzuwerfen, dass eine nicht mehr schuldangemessene Strafe droht (vgl. § 29), weil ein besonderes persönliches Merkmal beim Teilnehmer vorliegt/fehlt. Dann die Voraussetzungen des § 28 II prüfen:

1. besonderes persönliches Merkmal
2. strafschärfend
3. liegt entweder nur beim Täter oder beim Teilnehmer vor

Rechtsfolge: Verschiebung des Tatbestands

Gutachten § 28 I: In der Strafzumessung das Problem aufzuwerfen, dass eine nicht mehr schuldangemessene Strafe droht (vgl. § 29), weil ein besonderes persönliches Merkmal, welches die Strafbarkeit des Täters begründet, beim Teilnehmer fehlt. Dann die Voraussetzungen des § 28 I prüfen:

1. Besonderes persönliches Merkmal
2. strafbegründend
3. liegt nur beim Täter vor

Rechtsfolge: Verschiebung des Strafrahmens

(Zu den sog. „**gekreuzten Mordmerkmalen**" siehe unten bei den subjektiven Mordmerkmalen bei § 211.)

FAHRLÄSSIGES ERFOLGSDELIKT

SCHEMA MIT DEFINITIONEN

I. Tatbestandsmäßigkeit
1. Erfolg
2. Handlung
3. Kausalität
4. Objektive Fahrlässigkeit
   a) Objektive Sorgfaltspflichtverletzung

DEFINITION

Der Sorgfaltsmaßstab bestimmt sich bei Betrachtung der Gefahrenlage ex ante im Vergleich des Täters mit einem besonnenen und gewissenhaften Durchschnittsbürger aus dem Verkehrskreis des Täters (Stichwort: standardisierte Sonderfähigkeit) unter Berücksichtigung seines Sonderwissens.

   b) Objektive Vorhersehbarkeit

DEFINITION

Objektiv vorhersehbar ist, was ein umsichtig handelnder Mensch aus dem Verkehrskreis des Täters unter den jeweils gegebenen Umständen aufgrund der allgemeinen Lebenserfahrung in Rechnung stellen würde.

5. Objektive Zurechnung

II. Rechtswidrigkeit

III. Schuld
1. Schuldfähigkeit
2. Subjektive Fahrlässigkeit
   a) Subjektive Sorgfaltspflichtverletzung
   b) Subjektive Vorhersehbarkeit
3. Potenzielles Unrechtsbewusstsein
4. Entschuldigungsgründe (u.a.: Unzumutbarkeit normgemäßen Verhaltens)

SCHEMA MIT PROBLEMÜBERSICHT

I. Tatbestandsmäßigkeit
1. Erfolg
2. Handlung
3. Kausalität
4. Objektive Fahrlässigkeit
5. Objektive Zurechnung
   - **P** Pflichtwidrigkeitszusammenhang
   - **P** Schutzzweck der Norm
   - **P** Eigenverantwortliche Selbstgefährdung

II. Rechtswidrigkeit

III. Schuld
   - **P** Formulierung in der Klausur

DIE PROBLEME – LÖSUNGSANSÄTZE

❓ Pflichtwidrigkeitszusammenhang

[Fall: T fährt in der Stadt Tempo 80. Vor dem plötzlich auf die Straße tretenden F hätte er auch bei Tempo 50 nicht bremsen können.]

Nötig ist ein Zusammenhang zwischen dem Sorgfaltspflichtverstoß und dem Erfolg. Dieser fehlt, wenn der Erfolg auch bei **rechtmäßigem Alternativverhalten** eingetreten wäre; es gilt der Grundsatz in dubio pro reo.

M.M.: **Risikoerhöhungslehre** (es genügt, wenn das Risiko des Schadenseintritts bei sorgfaltsgerechtem Verhalten geringer gewesen wäre); abzulehnen, da Verletzung des Grundsatzes in dubio pro reo und Umdeutung von Erfolgs- in Gefährdungsdelikte.

❓ Schutzzweck der Norm

Klärung der Frage, ob es gerade der Sinn und Zweck der Sorgfaltsnorm ist, vor derartigen Verletzungen des Rechtsguts zu schützen.

Schutzzweck der Beleuchtungspflicht im Straßenverkehr ist nicht, andere (!) Verkehrsteilnehmer zu beleuchten; beim Tempolimit (ebenso roter Ampel) geht es nicht darum, früher oder später am Unfallort zu sein. Allerdings ist der Schutzzweck eines Tempolimits betroffen, wenn der Unfall dadurch vermieden worden wäre, dass sich das Opfer bei Einhaltung des Tempolimits aus dem Gefahrenbereich hätte wegbewegen können.

❓ Eigenverantwortliche Selbstgefährdung [BGH: Unterfall des Schutzzwecks]

Nötig ist, dass der sich selbst Gefährdende sich in voller Kenntnis der Gefahren und Risiken entschließt, diese Risiken eingehen zu wollen. Erfasst ein Dritter, der die Selbstgefährdung veranlasst oder fördert, diese Gefahren besser (vor allem weil der sich Gefährdende sich in einem Irrtum befindet), so kann die Selbstgefährdung abzulehnen sein.

Z.B. i.d.R. Selbstgefährdung bei „goldenem Schuss des Junkies; aber Zurechnung an Dealer, wenn sich der Junkie z.B. in dem Irrtum befindet, Kokain zu konsumieren, obwohl er in Wahrheit (aufgrund einer Verwechslung des Dealers) Heroin konsumiert (BGH, 1 StR 518/08).

Wichtige Abgrenzung:

Selbstgefährdung (Fall der Zurechnung) und einvernehmliche Fremdgefährdung (Fall der Einwilligung). Hierzu oben bei der rechtfertigenden Einwilligung!

❓ Schuld-Formulierung in der Klausur

Meist genügt z.B. der folgende Satz: „Hierbei war der X auch subjektiv in der Lage, die an ihn zu stellenden Sorgfaltsanforderungen zu erkennen und aufgrund dieser Einsicht zu handeln."

ABGRENZUNG EVENTUALVORSATZ UND BEWUSSTE FAHRLÄSSIGKEIT

℗ Abgrenzung Eventualvorsatz/bewusste Fahrlässigkeit

Nach h.M. (Billigungs-Theorie) verlangt auch der Eventualvorsatz eine Wissens- und eine Wollenskomponente.

Wissenskomponente: Täter erkennt die Möglichkeit des Erfolgseintritts.

Wollenskomponente: Täter „billigt" den Erfolg, wobei ein „sich abfinden" genügt.

Nach der M.M. (in der Klausur genügt die **Möglichkeitstheorie**) liegt Eventualvorsatz schon dann vor, wenn der Täter die Möglichkeit des Erfolgseintritts erkennt und dennoch handelt.

Bewusste Fahrlässigkeit liegt nach h.M. hingegen dann vor, wenn der Täter mit der als möglich erkannten Tatbestandsverwirklichung nicht einverstanden ist **und ernsthaft – nicht nur vage – darauf vertraut**, der tatbestandliche Erfolg werde nicht eintreten.

Wichtige Einzelfälle:

Folglich nimmt der BGH Eventualtötungsvorsatz an, wenn es bei einem **Steinwurf von einer Autobahnbrücke** „einem Heer von Schutzengeln zu verdanken (ist), die über der Autobahn geschwebt sein müssen", dass keine Personen zu Schaden gekommen sind (Vgl. BGH, 4 StR 450/09 – „**Gottvertrauensformel**").

Erfahrungsgemäß weichen Polizeibeamte Kraftfahrern aus, die eine **Polizeisperre durchbrechen** wollen, obgleich es ihnen gerade auf deren Anhaltung ankommt. Tötungsvorsatz des Fahrers scheidet daher regelmäßig aus (BGH, 4 StR 364/13).

Bei äußerst gefährlichen Gewalthandlungen (Schnitt in den Hals, Messerstich in die Brust, Tritt auf den Kopf), ist der Schluss auf einen zumindest bedingten Tötungsvorsatz naheliegend.

Raser-Fälle: Ein Verkehrsteilnehmer, der bei einem illegalen Rennen mit einem Pkw innerorts mit deutlich überhöhter Geschwindigkeit einen anderen Menschen tötet, **kann** (!) wegen Mordes mit einem gemeingefährlichen Mittel zu bestrafen sein (BGH, 4 StR 482/19 [2. Revision zum „Berliner Raser-Fall"], JuS 2020, 892).

Gutachten: Die Abgrenzungsfrage ist stets im Rahmen des Vorsatzdelikts zu prüfen. Sollte der Vorsatz abgelehnt werden, ist das fahrlässige Delikt zu prüfen. Hierbei darf gerade bei Tötungsdelikten der § 227 nicht übersehen werden!

Bei Tötungsdelikten geht der BGH davon aus, dass vor der Tötung eines Menschen eine besonders hohe „**Hemmschwelle**" bestehe, die der Täter überwunden haben müsse.

Dies bedeutet aber nicht, dass der Tötungsvorsatz anderen inhaltlichen Vorgaben folgt als der Vorsatz bei anderen Delikten. Das Gericht (und damit der Prüfling!) hat aber (schon wegen des hohen Strafrahmens) die entsprechenden Voraussetzungen besonders sorgfältig zu prüfen.

Für die Klausur bedeutet dies, dass Sie sorgfältig den Sachverhalt auswerten müssen. **Merke: Die Arbeit am Sachverhalt ist wichtiger als die abstrakte Darstellung von zig Mindermeinungen!** (So auch Kudlich, JuS 2013, 152, 153)

Eine Stellungnahme zwischen der Billigungstheorie und der Möglichkeitstheorie ist nur nötig, wenn Sie festgestellt haben, dass die Wollenskomponente fehlt. Nur dann kommen beide Ansichten nämlich im konkreten Fall zu unterschiedlichen Ergebnissen.

ERFOLGSQUALIFIKATIONEN

SCHEMA MIT DEFINITIONEN

I. Tatbestand der Erfolgsqualifikation

1. Eintritt der schweren Folge

2. Handlung

3. Kausalität

4. Objektive Zurechnung

5. Unmittelbarkeitszusammenhang

> **DEFINITION**
>
> Der Unmittelbarkeitszusammenhang setzt (über die objektive Zurechenbarkeit hinausgehend) zweierlei voraus: Zunächst muss eine dem Grunddelikt eigentümliche spezifische Gefahr geschaffen worden sein. Dann muss sich gerade diese Gefahr in der schweren Folge niedergeschlagen bzw. realisiert haben.

6. Fahrlässigkeit (vgl. § 18)/Leichtfertigkeit (vgl. §§ 251, 306c)

SCHEMA MIT PROBLEMÜBERSICHT

I. Tatbestands des Grunddelikts

II. Tatbestand der Erfolgsqualifikation

1. Eintritt der schweren Folge

2. Handlung

3. Kausalität

4. Objektive Zurechnung

5. Unmittelbarkeitszusammenhang
   - **℗** Herleitung des ungeschriebenen Merkmals des Unmittelbarkeitszusammenhangs
   - **℗** Inhalt des ungeschriebenen Merkmals des Unmittelbarkeitszusammenhangs
   - **℗** Deliktsspezifische Anknüpfung an Tathandlung oder Taterfolg
   - **℗** Vorhersehbare (!) Exzesshandlungen eines Mittäters

6. Fahrlässigkeit (vgl. § 18)/Leichtfertigkeit (vgl. §§ 251, 306c)

DIE PROBLEME – LÖSUNGSANSÄTZE

❶ Herleitung des ungeschriebenen Merkmals des Unmittelbarkeitszusammenhangs

Gutachten: Das ungeschriebene Merkmal des Unmittelbarkeitszusammenhangs muss hergeleitet werden. Alle Erfolgsqualifikationen weisen den sog. „Strafrahmensprung" auf. Damit ist eine signifikante Erhöhung des Strafrahmens im Vergleich zu den Grunddelikten gemeint. Nach einer M.M. liegt hierin eine Verletzung des Schuldprinzips. Nach ganz h.M. ist im Wege verfassungskonformer (restriktiver Auslegung) das zusätzliche Merkmal des Unmittelbarkeitszusammenhangs zu prüfen. *Verortung im Gutachten:* Nach der objektiven Zurechnung.

❷ Inhalt des ungeschriebenen Merkmals des Unmittelbarkeitszusammenhangs

Die Prüfung unterteilt sich in zwei Unterpunkte:
1. Knüpft die schwere Folge an die Tathandlung und/oder den Taterfolg des Grunddeliktes an?
2. Ist die schwere Folge die geradezu typische Tatfolge im konkreten Fall?

❸ Deliktsspezifische Anknüpfung an Tathandlung oder Taterfolg

Die Frage nach der korrekten Anknüpfung der schweren Folge an das Grunddelikt ist für jeden Tatbestand separat zu untersuchen und zu lösen:

§ 251 knüpft an die Tat**handlung** (Gewalt oder Drohung) des Grunddelikts an.
Folge: Kein § 251 wenn der Tod des Opfers durch die Wegnahme bewirkt wird.
[Fall: Opfer stirbt, weil ihm das lebenswichtige Medikament geraubt wurde.]
Arg.: Es gibt auch keinen „Diebstahl mit Todesfolge".

§ 306c knüpft an beides an: Tat**handlung** (Brandlegung, z.B. Molotow-Cocktail-Wurf, wodurch das Opfer direkt getroffen wird) und Tat**erfolg** (z.B. Opfer kommt im Brand selbst ums Leben).

§§ 226/227: Klassischer Streit: Nach e.A. nur Anknüpfung an Tat**erfolg** (Letalitätstheorie) nach BGH Anknüpfung an Tat**handlung** und Tat**erfolg** möglich.
[Fälle spezifisch gefährlicher Tathandlungen: Pistolenschlag-Fall, Treppensturz-Fall, Fälle der Hervorrufung einer kopflosen Flucht des Opfers und Fälle des Mittäterexzesses (dazu gleich)]

❹ Vorhersehbare (!) Exzesshandlungen eines Mittäters

[Fall: Die Exzesshandlung besteht in einem mit Tötungsvorsatz ausgeführten Tritt gegen den Kopf, wobei die Komplizen zuvor verabredet hatten, das Tatopfer in vorab vereinbarter Reihenfolge durch Tritte massiv zu misshandeln.]
BGH: Es handelt sich insoweit **nicht** um die Eröffnung einer neuen Kausalkette aufgrund vorsätzlichen **Dazwischentretens einer dritten Person**. Die enthemmte Eskalationsatmosphäre (spezifische Gefährlichkeit der Tat**handlung**) befördert insoweit den Tötungsvorsatz des Exzesstäters (BGH, 2 StR 242/12, JA 2013, 312). Die Verantwortlichkeit für die Todesfolge ergibt sich bereits aus der gemeinsamen Tatplanung; hinsichtlich des Exzesses liegt Fahrlässigkeit vor (§ 18).
Letalitätstheorie: § 227 (-), da die den Tat**erfolg** (Tod) hervorrufende Exzesshandlung gerade nicht gem. § 25 II zugerechnet werden kann.

Die parallele Rechtsfolge kann bei der **Teilnahme** eintreten, **wenn der Haupttäter einen „vorhersehbaren Exzess"** begeht. Auch dann kommt für den Haupttäter eine Strafbarkeit gem. §§ 212, 211 und für den Teilnehmer eine solche z.B. gem. §§ 223 I, 224, 26 und (!) §§ 227, 26 in Betracht (BGH, 1 StR 349/15, RA 2016, 104 = JuS 2016, 364).

ERFOLGSQUALIFIKATIONEN UND VERSUCH

DIE PROBLEME – LÖSUNGSANSÄTZE

Ⓟ Erfolgsqualifikation und Vorsatz

Die vorsätzliche Begehung (und damit der Versuch) ist möglich. Dies folgt schon aus § 18 („wenigstens fahrlässig).

Ⓟ Versuch der Erfolgsqualifikation

Hier hat der Täter Tatentschluss hinsichtlich der schweren Folge. Diese tritt allerdings – entgegen der Tätervorstellung – nicht ein. Im Hinblick auf das Grunddelikt handelt der Täter ebenfalls vorsätzlich, wobei das Grunddelikt vollendet oder auch nur versucht sein kann.

SCHEMA 1: SOWOHL GRUNDDELIKT ALS AUCH ERFOLGSQUALIFIKATION BLOSS VERSUCHT:

- I. Vorprüfung
- II. Tatbestand
    - 1. Tatentschluss
        - a) Hinsichtlich des Grunddelikts
        - b) Hinsichtlich Erfolgsqualifikation
    - 2. Unmittelbares Ansetzen
        - a) Zum Grunddelikt
        - b) Zur Erfolgsqualifikation
- III. Rechtswidrigkeit
- IV. Schuld
- V. Rücktritt

SCHEMA 2: GRUNDDELIKT VOLLENDET, ERFOLGSQUALIFIKATION BLOSS VERSUCHT:

- I. Tatbestand des vollendeten Grunddelikts
- II. Versuch der Erfolgsqualifikation
    - 1. Vorprüfung
    - 2. Tatentschluss hinsichtlich der Erfolgsqualifikation
    - 3. Unmittelbares Ansetzen zur Erfolgsqualifikation
- III. Rechtswidrigkeit
- IV. Schuld

Konkurrenzen: Außer bei § 227 tritt die vorsätzlich verwirklichte Erfolgsqualifikation (sofern die besondere Folge die Todesfolge ist) aus Klarstellungsgründen in Tateinheit, § 52, zu den Tötungsdelikten, §§ 212, 211.

❿ Erfolgsqualifizierter Versuch

Beim **erfolgsqualifizierten Versuch** hat der Täter nur die Verwirklichung des Grunddelikts in seinen Tatentschluss aufgenommen. Obwohl dieses im Versuchsstadium stecken bleibt, tritt dennoch die schwere Folge des Erfolgsqualifikationstatbestandes ein.

Dieser Fall ist nur denkbar, wenn die besondere Gefährlichkeit aus der (beim Versuch vorgenommenen) Tat**handlung** des Grunddelikts resultiert und nicht aus dem Tat**erfolg**, der beim Versuch ja gerade ausgeblieben ist (str. bei §§ 226, 227).

[Fall: Täter schlägt nach O, der mit dem Rücken zur steil abwärts führenden Kellertreppe steht. O weicht dem Schlag nach hinten aus, verliert das Gleichgewicht, stürzt die Treppe herunter und bricht sich dabei das Genick.]

PRÜFUNGSSCHEMA

SCHEMA:

I. **Vorprüfung**

II. **Tatbestand des Versuchs des Grunddelikts**

   1. **Tatentschluss zum Grunddelikt**

   2. **Unmittelbares Ansetzen zum Grunddelikt**

III. **Voraussetzungen der Erfolgsqualifikation**

   1. **Eintritt der schweren Folge**

   2. **Kausalität**

   3. **Unmittelbarkeitszusammenhang**
     [Im Fall hier Frage aufwerfen, ob auch an die Gefährlichkeit der Handlung angeknüpft werden kann.]

   4. **Fahrlässigkeit/Leichtfertigkeit**

IV. **Rechtswidrigkeit**

V. **Schuld**

VI. **Rücktritt**

❿ Rücktritt vom erfolgsqualifizierten Versuch

Nach h.M. möglich, da sich Begriff der „Tat" in § 24 auf den Versuch des Grunddelikts bezieht. Nach M.M. kann die „Tat" nach Eintritt der schweren Folge nicht mehr aufgegeben werden.

[Fall: An der brutalen Gewalthandlung stirbt das Opfer. Der Täter verzichtet daraufhin auf die ihm mögliche Wegnahme der Beute.]

Nach h.M. Rücktritt vom versuchten Raub mit Todesfolge. Allerdings §§ 212, 211 oder zumindest § 227 möglich.

UNECHTE UNTERLASSUNGSDELIKTE, § 13

SCHEMA MIT DEFINITION UND PROBLEMÜBERSICHT

I. Tatbestand

1. Objektiver Tatbestand

a) Erfolg

b) Nichtvornahme der gebotenen Handlung
- ℗ Abgrenzungskriterium Tun und Unterlassen
- ℗ Abbruch von Rettungsbemühungen

c) Physisch-reale Möglichkeit der Vornahme der gebotenen Handlung
d) Hypothetische Kausalität

> **DEFINITION**
> Hypothetisch kausal ist ein Unterlassen, wenn die gebotene Handlung nicht hinzugedacht werden kann, ohne dass der Erfolg mit an Sicherheit grenzender Wahrscheinlichkeit entfiele.

- ℗ abstrakte oder konkrete Prüfung

e) Objektive Zurechnung
f) Garantenstellung, § 13 I

> **DEFINITION**
> Die gem. § 13 I StGB erforderliche Abwendungspflicht besteht, falls der Unterlassende eine Garanten**stellung** gegenüber dem Opfer inne hat und daraus gleichzeitig die Garanten**pflicht** resultiert, im konkreten Fall einzuschreiten.

- ℗ Die wichtigsten Beschützer-Garantenstellungen
- ℗ Die wichtigsten Überwacher-Garantenstellungen
- ℗ Ingerenz nach gerechtfertigtem Vorverhalten
- ℗ Ingerenz nach Selbstgefährdung

g) Entsprechungsklausel, § 13 I
- ℗ Inhaltliche Anforderung

2. Subjektiver Tatbestand

II. Rechtswidrigkeit
- ℗ Pflichtenkollision

III. Schuld

DIE PROBLEME – LÖSUNGSANSÄTZE

℗ Abgrenzungskriterium Tun und Unterlassen
H.M.: Schwerpunkt der Vorwerfbarkeit (Wertungsfrage)
a.A.: Tun, wenn Energie oder Kraft aufgewendet werden. (Häufig wird diese Theorie mit der Behauptung verbunden, dass das U-Delikt hinter dem Begehungsdelikt zurücktreten würde, bzw. das Begehungsdelikt einen Anwendungsvorrang habe.)
Das Problem stellt sich besonders bei der Fahrlässigkeit, weil in jedem Sorgfaltspflichtverstoß immer auch ein nicht sorgfältiges Verhalten, also eine Unterlassung der gebotenen Sorgfalt, liegt. (Zur Vertiefung: OLG Hamburg, 1 Rev 13/15, JuS 2015, 945)

℗ Abbruch von Rettungsbemühungen
- Tun, wenn Entziehung konkreter Rettungschance. (Diese ist nur gegeben, wenn das Opfer nunmehr auf weitere Rettungshandlungen nicht mehr angewiesen ist, sondern in die Lage versetzt wurde, sich selbst helfen zu können.)
- Tun, wenn Eingriff in fremde Rettungsbemühungen.
- Abbruch ärztlicher Rettungsbemühungen (hier Sterbehilfe-Problematik) wird meist als Unterlassung weiterer Behandlung gewertet.

℗ Hypothetische Kausalität: abstrakte oder konkrete Prüfung
Nach h.M. auf den **abstrakten Erfolg** zu beziehen, da es nicht darum gehe, die eine Erfolgsursache durch die andere zu ersetzen (nach a.A. [konkreter Erfolg] entfällt aus diesem Grund die obj. Zurechnung – Streit im Ergebnis also „um des Kaisers Bart").

℗ Die wichtigsten Beschützer-Garantenstellungen
Den **Beschützergaranten** trifft eine Obhutspflicht für ein bestimmtes Rechtsgut, das er gegen Angriffe aus allen Richtungen und vor Selbstgefährdungen (str.) zu schützen hat.

Eine Beschützergarantenstellung kann sich ergeben aus:
- **Enger persönlicher Verbundenheit**; hierbei ist vor allem darauf abzustellen, ob nach BGB **Unterhaltspflichten** bestehen, weshalb es im „Regelfall" nur eine Garantenstellung „in gerader Linie" gibt, **nicht** aber für **Tanten, Onkel, Geschwister** (!) und noch entferntere Verwandte; die in § 1618a BGB normierte Pflicht zu familiärem Beistand begründet im Eltern-Kind-Verhältnis bei faktischem Zusammenleben in aller Regel eine Garantenstellung i.S.v. § 13 I StGB. Die **nichteheliche Lebensgemeinschaft** begründet die Garantenstellung bei einem tatsächlich besonders engem Zusammenleben, ob eine **Zwangsheirat** in der Lage ist, eine Garantenstellung zu begründen, ist fraglich (Jäger, JA 2016, 950, 952).
- Aus **Lebens- oder Gefahrengemeinschaften** (hierzu gehören keine sog. „Zufallsgemeinschaften", die sich z.B. aus dem bloß gemeinsamen Konsumieren von Drogen ergeben).
- Aus einer **besonderen Tätereigenschaft** (z.B. Amtsträger, Organ einer jur. Person, oder aus der Stellung als Betriebsinhaber bzw. Vorgesetzter). Aus der Stellung als Betriebsinhaber bzw. Vorgesetzter kann sich eine Garantenpflicht zur Verhinderung von betriebsbezogenen Straftaten nachgeordneter Mitarbeiter ergeben.

- Aus **tatsächlicher Übernahme**. Dies ist in Fällen einer freiwilligen Übernahme einer Schutzpflicht restriktiv zu handhaben. Wer zunächst einer allgemeinen Hilfspflicht nachkommt, darf hierfür nicht bestraft werden. Anders nur, wenn andere Hilfsbereite weggeschickt werden, da man sich nun um alles kümmern werde und wenn der Hilfsbedürftige räumlich von anderer Hilfe ausgeschlossen wird. Allein die Eigenschaft als **Wohnungsinhaber** begründet im Normalfall nicht die Pflicht, jede sich in den Räumen befindliche Person gegen Straftaten anderer Personen zu schützen.

Ⓟ Die wichtigsten Überwacher-Garantenstellungen

Den **Überwachergaranten** treffen Sicherungspflichten zur Überwachung einer Gefahrenquelle zugunsten aller möglichen Betroffenen.
Eine Überwachergarantenstellung kann sich ergeben aus

- vorausgegangenem gefährlichen Tun (Ingerenz),
- tatsächlicher und rechtlicher Herrschaft über eine Sache,
- der Verantwortung für das rechtswidrige Verhalten Dritter,
- der Übernahme von Sicherungspflichten.

Ⓟ Ingerenz nach gerechtfertigtem Vorverhalten

Im Grundsatz scheidet nach einem gerechtfertigten Vorverhalten eine spätere Garantenstellung für den ursprünglichen Angreifer aus. Dies gilt vor allem nach einer Rechtfertigung gem. § 32, da dem Opfer des Angriffs keine stärkere Hilfspflicht auferlegt werden kann als einem unbeteiligten Dritten, der nur aus § 323c verpflichtet ist. Sofern allerdings ein Unbeteiligter im Rahmen eines Notstandsrechts in Mitleidenschaft gezogen wird, dürfte diesem gegenüber die Ingerenz zu bejahen sein.

Ⓟ Ingerenz nach Selbstgefährdung

Eine Erfolgsabwendungspflicht des Garanten besteht auch bei einer eigenverantwortlichen Selbstgefährdung des Opfers in dem Zeitpunkt, in dem aus dem allgemeinen Risiko eine besondere Gefahrenlage erwächst.
[Fall: Mann kümmert sich nicht um seine stark abgemagerte Frau.]

Wer einen anderen gar zu einer Selbstgefährdung überredet, kann dennoch Ingerenz-Garant sein, wenn die Selbstgefährdung zu einer Hilfsbedürftigkeit führt. Wegen der Selbstgefährdung kann der Erfolg dem Überredenden zwar nicht objektiv zugerechnet werden, jedoch knüpft die Ingerenz an ein gefährdendes Vorverhalten an, welches wegen der Überredung zur Selbstgefährdung (Sorgfaltspflichtverstoß) gegeben ist.

Gutachten: Zuerst die Überredung zum gefährlichen Tun z.B. als § 222 oder § 229 prüfen. Ablehnen mangels Zurechnung wegen Selbstgefährdung, wenn das Opfer in der Lage war, die Gefahr selbst abzuschätzen. Dann für die nicht geleistete Hilfe ein (je nach Sachverhalt vorsätzliches oder fahrlässiges) unechtes Unterlassungsdelikt (§ 13) prüfen und klären, ob die Überredung zur Selbstgefährdung eine Ingerenz begründet.

Ⓟ Inhaltliche Anforderung an die Entsprechungsklausel

Bei reinen **Erfolgsdelikten** genügt der Satz: „Bei Erfolgsdelikten entspricht die Tatbegehung durch ein Unterlassen derjenigen durch ein aktives Tun."

Bei **verhaltensgebundenen Delikten,** welche die Art und Weise der Erfolgsherbeiführung näher beschreiben, muss ausführlich auf die Entsprechungsklausel eingegangen werden.

An der Entsprechung soll es nach BGH z.B. fehlen bei § 211 bei der Tötung „mit" gemein-gefährlichen Mitteln, da der Unterlassungstäter diese nicht selbst einsetzt, sondern nur deren Wirkung nicht verhindert. Hierbei spielt es keine Rolle, ob die Gefahr zufällig entstanden, von einer Dritten Person verursacht oder vom Täter selbst ohne Tötungsvorsatz herbeigeführt worden ist (BGH, StR 204/09; a.A. Fischer, § 211 Rn 61).

Ⓟ Die rechtfertigende Pflichtenkollision

Die rechtfertigende Pflichtenkollision ist ein ungeschriebener Rechtfertigungsgrund im Rahmen der Unterlassungsdelikte.

[Fall: Ein Schlauchboot platzt und es sind zwei Kinder am ertrinken. Bademeister B kann rein tatsächlich nur einem Kind aber nicht beiden zeitgleich helfen.]

Gutachten: In diesem Fall darf nicht die physisch-reale Möglichkeit zur Vornahme der gebotenen Handlung abgelehnt werden, weil sich B ja immer auch für das andere Kind hätte entscheiden können. Somit ist der Tatbestand verwirklicht, jedoch fehlt es an der Rechtswidrigkeit, weil B nicht beiden Kindern zeitgleich helfen konnte.

UNTERLASSUNGSVERSUCH

DIE PROBLEME – LÖSUNGSANSÄTZE

Ⓟ Unmittelbares Ansetzen zum Unterlassungsversuch

h.M.: Wenn sich die Gefahr für das Rechtsgut aus der Sicht des Täters so verdichtet hat, dass es bei weiterer Untätigkeit ohne wesentliche Zwischenschritte zu einer konkreten Gefährdung des Rechtsgutes kommen wird.

M.M.: Verstreichen der ersten/letzten Rettungschance.

Gegen Verstreichen der ersten Rettungschance: Versuchsbeginn wird zu weit nach vorne verlagert. Faktischer Verzicht auf das Kriterium der konkreten Gefährdung.

Gegen Verstreichen der letzten Rettungschance: Hiernach gibt es nur noch untaugliche und fehlgeschlagene Versuche, weil sonst der Erfolg eintritt.

Ⓟ Rücktritt beim U-Delikt

Nach BGH keine Unterscheidung zwischen un-/beendetem Versuch, da der Unterlassungs-Täter für den Rücktritt stets aktiv-rettend eingreifen müsse und nicht bloß untätig bleiben (einfach „aufhören") könne.
Hintergrund: Auch Unterlassungs-Täter trägt nach BGH stets das Erfolgseintrittsrisiko (BGH, 2 StR 588/15 588, JA 2016, 950). Anders kann dies aber sein, wenn eine nicht zurechenbare Todesursache (z.B. Herzinfarkt des Opfers) hinzutritt.

A.A. nimmt beendeten Unterlassungsversuch erst dann an, wenn es nicht mehr ausreiche, dass der U-Täter die ursprünglich gebotene Rettungshandlung nachhole, sondern vielmehr jetzt weitere Rettungshandlungen vornehmen müsse, die bei zeitnaher Rettung nicht notwendig gewesen wären.

BEISPIEL: Hätte der Bademeister B sofort geholfen, hätte es genügt, den Ertrinkenden E aus dem See zu holen. Weil B zugewartet hat, ist schließlich auch eine Wiederbelebung nötig.

Hintergrund: Der Unterlassungs-Täter trage nur beim beendeten Unterlassungsversuch das Risiko des Erfolgseintritts. Im Beispiel trage also der Bademeister (nur) das Risiko, dass die Wiederbelebung gelingt.

Die A.A. überzeugt nicht, da der Täter immer das Risiko des Erfolgseintritts tragen muss. So hat z.B. der Täter keinen Anspruch darauf, dass das Opfer so viel Hunger und Durst aushält, wie sich der Täter vorgestellt hat.

FAHRLÄSSIGES UNECHTES U-DELIKT

DIE PROBLEME – LÖSUNGSANSÄTZE

Ⓟ Prüfungsaufbau fahrlässiges unechtes U-Delikt

BEISPIEL: Der Halter eines Kampfhundes i.S.d. § 1 II PolVogH BW, bei dem die rassespezifisch begründete Vermutung besonderer Gefährlichkeit nicht durch eine Verhaltensprüfung widerlegt ist, muss damit rechnen, dass der Hund jederzeit auch ohne vorherige Warnzeichen Menschen anfällt. (OLG Karlsruhe, 2 (7) Ss 318/14, RA 2014, 489)

PRÜFUNGSSCHEMA

I. Tatbestand
1. **Erfolgseintritt**
2. **Nichtvornahme objektiv gebotener Handlung zur Erfolgsabwendung**
3. **Möglichkeit der Erfolgsabwendung (physisch-reale Handlungsmöglichkeit des Täters)**
4. **hypothetische Kausalität**
5. **Garantenstellung**
6. **obj. Sorgfaltspflichtverletzung bei obj. Vorhersehbarkeit (auch bzgl. Garantenstellung)**
7. **Pflichtwidrigkeits- u. Schutzzweckzusammenhang**
8. **Gleichwertigkeitsklausel/Entsprechungsklausel**

II. RWK

III. Schuld

DIEBSTAHL, § 242 – OBJEKTIVER TATBESTAND

SCHEMA MIT DEFINITIONEN

I. Tatbestand

1. Fremde bewegliche Sache

DEFINITION

Sache im Sinne von § 242 I ist gem. § 90 BGB jeder körperliche Gegenstand.

Beweglich ist eine Sache, wenn sie tatsächlich fortgeschafft werden kann.

Fremd ist eine Sache, wenn sie zumindest auch im Eigentum einer anderen Person steht.

2. Wegnahme

DEFINITION

Wegnahme ist der Bruch fremden und die Begründung neuen, nicht notwendig tätereigenen, Gewahrsams.

a) Bestehen fremden Gewahrsams

DEFINITION

Gewahrsam ist die tatsächliche Sachherrschaft eines Menschen über eine Sache, getragen von einem natürlichen Herrschaftswillen, wobei deren Vorliegen nach der Verkehrsanschauung zu beurteilen ist.

Tatsächliche Sachherrschaft besteht, wenn der unmittelbaren Verwirklichung des Einwirkungswillens auf die Sache keine Hindernisse entgegenstehen.

Herrschaftswille ist der Wille, mit der Sache nach eigenem Belieben verfahren zu können.

b) Begründung neuen Gewahrsams

DEFINITION

Der Täter hat **neuen Gewahrsam begründet**, wenn er oder ein Dritter die Sachherrschaft derart erlangt hat, dass er sie ohne Behinderung durch den früheren Gewahrsamsinhaber ausüben und dieser seinerseits ohne Beseitigung der Sachherrschaft des Täters nicht mehr über die Sache verfügen kann.

c) Gewahrsamsbruch

DEFINITION

Fremder Gewahrsam wird gebrochen, wenn die Gewahrsamsverschiebung (die Aufhebung des fremden und Begründung neuen Gewahrsams) ohne oder gegen den Willen des bisherigen Gewahrsamsinhabers erfolgt.

SCHEMA MIT PROBLEMÜBERSICHT

I. Tatbestand

1. Fremde bewegliche Sache
- **℗** Dereliktion, § 959 BGB
- **℗** Drogen
- **℗** Zahngold nach Verbrennung der Leiche im Krematorium

2. Wegnahme
- **℗** Bloßes Ergreifen kleiner Gegenstände
- **℗** Gewahrsamsenklave im SB-Laden
- **℗** Beobachtung der Tat
- **℗** Gewahrsam von Schlafenden, Bewusstlosen und Toten
- **℗** verlorene und vergessene Sachen
- **℗** Mitgewahrsam
- **℗** „O.K." des Berechtigten

DIE PROBLEME – LÖSUNGSANSÄTZE

℗ Dereliktion, § 959 BGB

Die Dereliktion ist eine einseitige nicht empfangsbedürftige Willenserklärung, weshalb es für die Auslegung auf den tatsächlichen Willen des Eigentümers ankommt. Verfolgt der Eigentümer etwa bestimmte Verwendungszwecke mit einer Sache, liegt keine Dereliktion vor; z.B. keine Dereliktionsabsicht bei an der Straße abgestelltem Sammelgut, das für eine Sammelorganisation bestimmt war. Ebenso schließt Vernichtungsabsicht bei der Hingabe in den Müll die Dereliktionsabsicht aus (zur Strafbarkeit des sog. „Containerns" BVerfG, JA 2020, 956 = JA 2020, 956).

℗ Drogen

Bei Betäubungsmitteln wird z.T. die Fremdheit mit dem Hinweis darauf verneint, dass gemäß § 134 BGB i.V.m. dem BtMG zivilrechtlich kein wirksamer abgeleiteter Eigentumserwerb möglich sei. Nach BGH können hingegen auch illegal erworbene Sachen Gegenstand von Eigentumsdelikten sein, weil jedenfalls der Hersteller des Betäubungsmittels gemäß § 956 BGB originäres Eigentum erwerbe und deshalb die Sache „fremd" sei (BGH, 2 StR 342/16, RA 2017, 549).

℗ Zahngold nach Verbrennung der Leiche im Krematorium

Im Grundsatz wird das Zahngold herrenlos. Die Erben werden nicht gem. § 1922 BGB Eigentümer, da die Leiche kein Vermögensbestandteil ist. Allerdings kann im Einzelfall an herrenlosen künstlichen Körperteilen im Wege der Aneignung nach § 958 I BGB durch Eigenbesitznahme Eigentum erworben werden, sofern dies nicht durch § 958 II BGB ausgeschlossen ist.

Sofern der Täter irrig von der Fremdheit der Sache ausgeht, ist streitig ob ein versuchter Diebstahl in Betracht kommt. Nach richtiger Ansicht ist dies nur der Fall, wenn er sich einen anderen *Sachverhalt* vorstellt, bei dem das Zahngold eine fremde Sache gewesen wäre. Bei bloß falscher rechtlicher Bewertung der Eigentumslage dürfte ein Wahndelikt vorliegen. In Betracht kommen weiter die §§ 133 I, III und 168 I. Streitig ist, ob das **Zahngold „Asche"** i.S.v. § 168 ist (BGH, 5 StR 71/15, RA 2015, 506 = JA 2015, 872, bejaht dies, denn zu dieser gehörten sämtliche nach der Einäscherung verbleibenden Rückstände, d.h. auch die vormals mit einem Körper fest verbundenen fremden Bestandteile, die nicht verbrennbar sind; a.A. OLG Nürnberg, NJW 2010, 2071, 2073 f. mit Verweis auf die Wortlautgrenze der Auslegung).

Gutachten: Prüfung § 242 I. Ablehnung der Fremdheit. Prüfung §§ 242 I, 22, 23 I. Im Tatentschluss Abgrenzung untauglicher Versuch und Wahndelikt.

℗ Bloßes Ergreifen kleiner Gegenstände
Bei unauffälligen, leicht beweglichen Sachen, wie etwa bei Geldscheinen sowie Geld- und Schmuckstücken, oder auch Handys lässt die Verkehrsauffassung für die vollendete Wegnahme schon ein Ergreifen und Festhalten der Sache genügen. Gleiches gilt in **Raub**-Fällen.

℗ Gewahrsamsenklave im SB-Laden
Im Selbstbedienungsladen liegt eine vollendete Wegnahme durch einen Täter, der die Kassenzone mit der Ware noch nicht passiert hat, insbesondere vor, wenn der Täter Sachen geringen Umfangs einsteckt oder sie sonst verbirgt. Allein das Hineinlegen von Waren in einem SB-Markt in eine mitgeführte Sporttasche begründet jedoch noch **keinen** neuen (eigenen) Gewahrsam an den Gegenständen, wenn diese **sichtbar in der offenen Tasche** transportiert worden sind (BGH, 5 StR 512/16).
Nach h.M. gilt die Enklaventheorie auch in **Privatwohnungen**.
[Fall: Ein Gast steckt auf der Toilette ein Parfum der Gastgeber in seine Tasche.]

℗ Beobachtung der Tat
Die Beobachtung der Tat ist grundsätzlich egal, da die Gewahrsamsenklave dennoch begründet wird; deshalb ist § 242 kein heimliches Delikt.
Zu berücksichtigende Kriterien im Einzelfall sind hierbei beispielsweise die genaue räumliche Nähe des Eigentümers oder seiner Beauftragten und wie schnell ihr Eingreifen möglich ist, wie auch Umfang und Gewicht des Diebesguts, sowie eventuelle Alarmeinrichtungen. *[Lese-Empfehlung: OLG Hamm, 1 RVs 25/14, RA 2014, 433 = JuS 2015, 276 = JA 2015, 390]*

℗ Gewahrsam von Schlafenden, Bewusstlosen und Toten
Kein Gewahrsam nur bei Toten, da diese keinen tatsächlichen Herrschaftswillen mehr haben.

℗ Verlorene und vergessene Sachen
Sache wird nur gewahrsamslos, wenn sie außerhalb einer Gewahrsamssphäre verloren wird. Der Beherrscher der Sphäre selbst begeht bei einer vergessenen Sache einen Diebstahl und bei einer verlorenen Sache eine Unterschlagung, da er im letzten Fall seinen eigenen (Hilfs-) Gewahrsam nicht brechen kann.

ⓟ Mitgewahrsam

Der gleichrangige Mitgewahrsam kann wechselseitig gebrochen werden. Ansonsten kann nur der untergeordnete Mitgewahrsamsinhaber denjenigen des übergeordneten brechen.

Ein Kassierer hat Alleingewahrsam am Kasseninhalt, wenn er eigenverantwortlich die Kasse verwaltet. In diesem Fall kann der Kassierer „nur" § 246 II verwirklichen. Ansonsten gleichrangiger Mitgewahrsam bei allen Bedienungen „hinter dem Tresen". (Ebenso bei einer Garderobe.)

ⓟ „O.K." des Berechtigten

Die „Gestattung" durch den Berechtigten wirkt als tatbestandsausschließendes Einverständnis, da kein „Bruch" des Gewahrsams vorliegt. Das Einverständnis ist wirksam, auch wenn es durch Täuschung erschlichen wurde.

Ist der übergeordnete Mitgewahrsamsinhaber mit der Gewahrsamsbegründung durch Dritte einverstanden, fehlt es an einer Wegnahme, auch wenn dadurch zugleich der untergeordnete Mitgewahrsam einer anderen Person gebrochen wird.

DIEBSTAHL, § 242 – SUBJEKTIVER TATBESTAND

SCHEMA MIT DEFINITIONEN

I. Tatbestand

1. Fremde bewegliche Sache

2. Wegnahme

3. Vorsatz bzgl. 1. und 2.

4. Absicht rechtswidriger Zueignung

   a) Zueignungsabsicht

   DEFINITION

   Die **Zueignungsabsicht** beinhaltet zwei Komponenten. Die Absicht zur zumindest vorübergehenden Aneignung und den (Eventual-) Vorsatz zur dauerhaften Enteignung. Diese müssen kumulativ vorliegen, damit eine Zueignungsabsicht bejaht werden kann.

   aa) Aneignungsabsicht

   DEFINITION

   Aneignungsabsicht ist die Absicht, die Sache selbst oder den in ihr verkörperten Sachwert wenigstens vorübergehend dem eigenen Vermögen oder dem Vermögen eines Dritten einzuverleiben.

   bb) Enteignungswille

   DEFINITION

   Enteignungswille ist der Wille, den Berechtigten auf Dauer aus seiner Eigentümerposition zu verdrängen, d.h. ihm die Sache selbst oder den in ihr verkörperten Sachwert auf Dauer zu entziehen.

   b) Rechtswidrigkeit der beabsichtigten Zueignung

   DEFINITION

   Rechtswidrig ist die vom Täter beabsichtigte Zueignung dann, wenn der Täter keinen fälligen und durchsetzbaren Anspruch auf Übereignung der weggenommenen Sache (und kein Aneignungsrecht an dieser) hat.

   c) Vorsatz bzgl. b)

II. Rechtswidrigkeit und Schuld

III. Besonders schwerer Fall, § 243

SCHEMA MIT PROBLEMÜBERSICHT

I. Tatbestand

1. **Fremde bewegliche Sache**

2. **Wegnahme**

3. **Vorsatz bzgl. 1. und 2.**

4. **Absicht rechtswidriger Zueignung**

   a) **Zueignungsabsicht**
- ℗ Objekt der Zueignung
- ℗ Sparbuch-Fall

   aa) **Aneignungsabsicht**
- ℗ bloße Zerstörung, Vernichtung, bloßes Wegwerfen
- ℗ Bloße Sachentziehung

   bb) **Enteignungswille**
- ℗ bloße Gebrauchsanmaßung
- ℗ Preisgabe
- ℗ Anfänglich geplante Rückgabe an den Eigentümer

   b) **Rechtswidrigkeit der beabsichtigten Zueignung**
- ℗ Prüfung allgemeiner Rechtfertigungsgründe

   c) **Vorsatz bzgl. b)**

II. Rechtswidrigkeit und Schuld

III. Besonders schwerer Fall, § 243

DIE PROBLEME – LÖSUNGSANSÄTZE

℗ Objekt der Zueignung
Vereinigungstheorie: Nach dieser kann Gegenstand der beabsichtigten Zueignung sowohl die Sache selbst (Substanztheorie) als auch der in ihr verkörperte Sachwert (Sachwerttheorie) sein.

℗ Sparbuch-Fall
[Fall: Täter hebt vom Sparbuch des Opfers Geld ab und legt dieses – wie anfänglich geplant – wieder zurück.]
Substanztheorie: Keine dauerhafte Enteignung, da das Sparbuch zurückgegeben werden soll.
Sachwerttheorie: Dauerhafte Enteignung, da der im Sparbuch verkörperte Sachwert entzogen wurde (sog. „lucrum ex re" = Vorteil aus der Sache selbst).
Ebenso: Telefonkarte, Geldkarte, „Mensa-Magnetkarte" und Handy-Prepaid-Karte (im letzten Fall aber nur § 246 bei bloß heimlicher Handy-Benutzung, wenn keine Wegnahme der Karte).
ANDERS aber Girocard-Fall (bloßer „Schlüssel" zu den Girofunktionen) und anders auch bei Handy-Vertragskarte (oder Festnetz-Anschluss), da „Schlüssel" zum Mobilfunk- (oder Fest-) Netz. Anders formuliert: In der Girocard ist kein Wert verkörpert.

ⓟ bloße Zerstörung, Vernichtung, bloßes Wegwerfen

I.d.R. keine Zueignung, da keine Aneignung. Anders aber z.B. beim Verzehr fremder Speisen, da der Täter hier den wirtschaftlichen Wert der Sache selbst erlangt. Ebenso: Verbrauchen fremden Benzins oder Heizöls oder Konsum geraubten Heroins.

ⓟ Bloße Sachentziehung

Der Wille, den Eigentümer durch Sachentziehung zu ärgern, die Sache zu zerstören oder wegzuwerfen genügt nicht. In diesem Fall fehlt die Aneignungsabsicht. (Auch kein Raub wenn einem Rocker die „Kutte" abgenommen wird, um diese wegzuwerfen).

ⓟ bloße Gebrauchsanmaßung

I.d.R. keine Zueignung, da keine dauerhafte Enteignung (beachte bei KfZ etc. § 248b).
Zueignung, wenn ein objektiver Beobachter eine Ersatzbeschaffung für unvermeidbar halten muss (z.B. Tageszeitung).

ⓟ Preisgabe

Problem des Vorsatzes zur dauerhaften Enteignung. Wenn Täter die Sache dem beliebigen Zugriff Dritter preisgeben will, genügt dies i.d.R. für die Enteignungskomponente der Zueignungsabsicht.
[Fall: T nimmt ein unverschlossenes Fahrrad, fährt damit nach Hause und stellt es – wie von Anfang an gedacht – achtlos an einer Hauswand ab.]

ⓟ Anfänglich geplante Rückgabe an den Eigentümer

[Fall: Ansichnahme einer Sache, um sie dem Eigentümer – als angeblich dem Täter gehörend – zu verkaufen.]
§ 242 (oder § 246), wenn bei der geplanten Rückgabe eine Leugnung des fremden Eigentums erfolgen soll („se ut dominum gerere", dann i.d.R. Zueignung nach Sachwerttheorie). In diesem Fall wird der Sache der in ihr verkörperte Wert entzogen (sog. „lucrum ex re").
Im 2. Akt kommt dann häufig **zusätzlich** noch **§ 263** in Betracht (Täuschung über die Eigentümer-Stellung). Da es dem Täter in diesen Fällen meist auf das aus dem Betrug herrührende Geld ankommt, treten §§ 242 bzw. 246 wohl als mitbestrafte Vortat zurück.

Nur § 263 im Täuschungszeitpunkt, wenn bei der geplanten Rückgabe eine Anerkennung des fremden Eigentums erfolgen soll („lucrum ex negotio cum re" = Vorteil aus einem Geschäft mit der Sache); in diesem Fall fehlt bei der Ansichnahme die Zueignungsabsicht (§ 242) bzw. die Zueignung (§ 246). Der Finderlohn ist in der Sache nicht verkörpert.
[Fall: Ansichnahme einer Sache, um dann als angeblich „ehrlicher Finder" den wie erhofft ausgelobten Finderlohn einzufordern.]

Gutachten: Zuerst die Ansichnahme der Sache prüfen. Dann die „Rückgabe" als Betrug prüfen. Dann u.U. noch Konkurrenzüberlegung.

§ 253, wenn statt des Finderlohns ein „Lösegeld" für die Rückgabe der Sache verlangt wird.

Sonderfall: Pfandflaschen-Fälle

[Fall: Täter nimmt dem Nachbarn Pfandflaschen weg, um im Laden das Pfand einzulösen.]

Keine Zueignung nach Sachwerttheorie. Das Pfandgeld ist kein verkörperter Wert, sondern bloßer Anreiz zur Rückgabe der Flaschen.

Substanztheorie: Bei **Einheitsflaschen** (z.B. „braune Bierflasche"), deren Eigentum im Vertriebsweg übertragen wird, liegt Zueignungsabsicht i.d.R. vor, wenn und weil der Täter sich bei der Rückgabe wie der Eigentümer geriert.

Bei **Individualflaschen (Herstellerflaschen)**, die im Vertriebsweg im Eigentum des Herstellers verbleiben, gilt: Geht der Täter als Rechtslaie – Regelfall (!) – vom Eigentumserwerb im Vertriebsweg aus, handelt er nach BGH mit Zueignungsabsicht. (Es ist alleine die Absicht maßgeblich, nicht die objektive Sachlage.) Erkennt der Täter hingegen die zivilrechtliche Rechtslage, fehlt der Wille, sich wie ein Eigentümer zu gerieren (BGH, 4 StR 591/17, RA 2018, 669 = JA 2019, 152 = JuS 2019, 178).

§ 289 (-), da nicht „zu Gunsten des Eigentümers" gehandelt wurde.

§§ 263, 263a (-), da der Getränkemarkt keinen Schaden hat. (Dies wäre anders, wenn der Täter die Flaschen vom „Pfandhof" des Getränkemarktes wegnimmt, um sie direkt wieder unter Einlösung des Pfands abzugeben.)

Ⓟ Prüfung allgemeiner Rechtfertigungsgründe

Die allgemeinen Rechtfertigungsgründe sollten stets erst auf der Ebene der (allgemeinen) Rechtswidrigkeit angesprochen werden. (Anderenfalls erfolgt eine faktische Annäherung an die – vom ETBI bekannte – M.M. der „Lehre von den negativen TB-Merkmalen".)

REGELBEISPIELE DES DIEBSTAHLS, § 243

SCHEMA MIT PROBLEMÜBERSICHT

1. **Obj. Voraussetzungen**
   - Ⓟ Anforderungen an § 243 I 2 Nr. 1
   - Ⓟ Anforderungen an § 243 I 2 Nr. 3
   - Ⓟ „Versuch des Regelbeispiels"

2. **Vorsatzähnliches Bewusstsein (oder „Quasi-Vorsatz")**

3. **u.U. besondere Absichten (z.B. bei Nr. 1: „zur Ausführung der Tat")**

4. **Indizwirkung**

   a) **zwingender Ausschluss bei Abs. 2 (nicht bzgl. Nr. 7!)**
      - Ⓟ Abs. 2 (nur bzgl. Ziff. 1 bis 6): „sich beziehen auf"

   b) **fakultativer Ausschluss (besondere Hinweise nötig)**
      - Ⓟ Konkurrenzen § 243 I 2 Nr. 1 zu §§ 123, 303

DIE PROBLEME – LÖSUNGSANSÄTZE

Ⓟ Anforderungen an § 243 I 2 Nr. 1

Wer eine Räumlichkeit durch eine zum ordnungsgemäßen Zugang bestimmte Tür betritt, steigt nicht im Sinne von § 243 I 2 Nr. 1, § 244 I Nr. 3 ein, unabhängig davon, auf welche Weise er die Tür geöffnet hat.

Ⓟ Anforderungen an § 243 I 2 Nr. 3

Gewerbsmäßigkeit setzt stets eigennütziges Handeln voraus und damit einen vom Täter erstrebten Zufluss von Vermögensvorteilen an sich selbst; es genügt daher nicht, wenn eine Einnahmequelle allein für Dritte geschaffen werden soll.

Die Gewerbsmäßigkeit ist ein besonderes persönliches Merkmal gem. § 28 II und tritt hinter den Qualifikationstatbestand des § 244 I Nr. 3 (Bande) zurück.

Ⓟ „Versuch des Regelbeispiels"

Nach Rspr. möglich, da Regelbeispiele tatbestandsähnlich seien. Allerdings scheint der BGH differenzieren zu wollen: Nicht möglich, wenn § 242 vollendet, aber möglich, wenn § 242 bloß versucht. Diese Differenzierung kann nicht überzeugen, da nicht erklärbar ist, wie das beim versuchten § 242 verwirklichte „versuchte Regelbeispiel" durch die Vollendung der Wegnahme wieder soll entfallen können.
Nach h.L. verbotene **Analogie**, da § 22 einen Tatbestand voraussetze.

Gutachten: Prüfung der objektiven Voraussetzungen eines Regelbeispiels. Nach deren Ablehnung sofort die Frage aufwerfen, ob ein Versuch in Betracht kommt, weil der Täter insoweit eine abweichende Vorstellung hatte. Dann Streitdarstellung und – im 1. Examen – eher Ablehnung dieses Versuchs.

Hiervon ist der unstreitig mögliche Fall zu unterscheiden, dass das Grunddelikt versucht, aber das Regelbeispiel vollendet wurde. In diesem Fall kommt nur eine Bestrafung z.B. wegen eines versuchten Diebstahls in einem (vollendeten!) besonders schweren Fall (§§ 242 I, 22, 23 I, 243 I 1 Nr. 1) in Betracht.

ⓟ Abs. 2 (nur bzgl. Ziff. 1 bis 6): „sich beziehen auf"

Die Tat „bezieht" sich nur dann auf eine geringwertige Sache, wenn diese sowohl objektiv als auch nach der Sicht des Täters geringwertig ist. Liegt nur eine der genannten Geringwertigkeits-Komponenten vor, kommt ein fakultativer Ausschluss des Regelbeispiels in Betracht. Geringwertigkeit wird zwischen 30 und 50 € angenommen.

Keine Geringwertigkeit ist anzunehmen, wenn der materielle Wert einer Sache nicht bestimmbar ist. Deshalb ist eine **Girocard** keine geringwertige Sache.

ⓟ Konkurrenzen § 243 I 2 Nr. 1 zu §§ 123, 303

Wegen der möglichen Verschiedenheit der durch die Sachbeschädigung einerseits und den Diebstahl andererseits verletzten Rechtsgüter und Rechtsgutsinhaber stehen § 243 I 2 Nr. 1 und §§ 123, 303 in Tateinheit. Hierfür spricht auch die Klarstellungswirkung des Urteils-Tenors, da in diesen das Regelbeispiel nicht aufgenommen wird.

QUALIFIKATIONEN DES DIEBSTAHLS, §§ 244, 244a

SCHEMA MIT DEFINITIONEN

I. Tatbestand Grunddelikt, § 242 I

II. Tatbestand Qualifikation

1. Beisichführen einer Waffe oder eines gefährlichen Werkzeugs, § 244 I Nr. 1a

DEFINITION

Waffe i.S.v. § 244 I Nr. 1a) ist jeder bewegliche Gegenstand, der dazu bestimmt ist, als Angriffs- oder Verteidigungswerkzeug gegen Menschen eingesetzt zu werden und so erhebliche Verletzungen zuzufügen (sog. „Waffe im technischen Sinne").

Ein **gefährliches Werkzeug** i.S.v. § 224 I Nr. 2 ist jeder bewegliche Gegenstand, der aufgrund seiner objektiven Beschaffenheit und der konkreten Verwendung im Einzelfall geeignet ist, erhebliche Verletzungen zuzufügen.

Täter **führt** einen Gegenstand **bei sich**, wenn sich dieser in Griffweite befindet oder er sich seiner jederzeit ohne nennenswerten Zeitaufwand bedienen kann.

2. Beisichführen eines sonstigen Werkzeugs, § 244 I Nr. 1b)

3. Bandendiebstahl, § 244 I Nr. 2

4. Wohnungseinbruchsdiebstahl, § 244 I Nr. 3

DEFINITION

Wohnung ist ein umschlossener und überdachter Raum, der einem Menschen zumindest vorübergehend als Unterkunft dient, ohne dass jedoch zwingend Schlafräume vorhanden sein müssten.

5. Wohnungseinbruchsdiebstahl in dauerhaft genutzte Privatwohnung, § 244 IV
Dauerhaft genutzte Privatwohnungen im Sinne des § 244 IV sind sowohl private Wohnungen und Einfamilienhäuser als auch alle von ihnen nicht getrennten weiteren Wohnbereiche wie Keller-, Treppen-, Wasch- oder Trockenräume.

SCHEMA MIT PROBLEMÜBERSICHT

I. Tatbestand Grunddelikt, § 242 I

II. Tatbestand Qualifikation

1. Beisichführen einer Waffe oder eines gefährlichen Werkzeugs, § 244 I Nr. 1a
- 🅟 Begriff des gefährlichen Werkzeugs
- 🅟 Anforderungen an das Beisichführen

2. Beisichführen eines sonstigen Werkzeugs, § 244 I Nr. 1b)
- 🅟 Begriff des sonstigen Werkzeugs/Anforderungen an eine „Scheinwaffe"

3. (Schwerer) Bandendiebstahl, § 244 I Nr. 2 (§ 244a)
- 🅟 Voraussetzungen für eine Bande
- 🅟 § 28 und die Bandenmitgliedschaft

4. Wohnungseinbruchsdiebstahl, § 244 I Nr. 3
- 🅟 Anforderungen an den Wohnungsbegriff

5. Wohnungseinbruchsdiebstahl in dauerhaft genutzte Privatwohnung, § 244 IV

DIE PROBLEME – LÖSUNGSANSÄTZE

❓ Begriff des gefährlichen Werkzeugs
Fehler des Gesetzgebers, der nicht bedacht hat, dass es beim „Beisichführen", also nicht bei §§ 250 II Nr. 1 (!!) keine „konkrete Art der Verwendung" gibt.
[Fall: T hat beim Diebstahl/Raub einen Kuli einstecken hat, mit dem er einem Opfer ja an sich auch ins Auge stechen könnte.]

Nach e.A. ist bei § 244 I Nr. 1a subj. ein – im Detail unterschiedliche definierter – „Verwendungs-vorbehalt" erforderlich. Somit muss dem Täter nachgewiesen werden, dass er mit z.B. dem Kuli zur Not zustechen wollte.
Die Verwendungsabsicht wird demgegenüber vom **BGH** explizit abgelehnt. Dies folge schon aus dem Wortlautvergleich mit Abs. 1 Nr. 1b) [„um ... zu"]. Es sei alleine anhand **objektiver Kriterien** eine Einzelfallentscheidung zu treffen. Notwendig ist hiernach ein Gegenstand, der nach seiner objektiven Beschaffenheit geeignet ist, einem Opfer erhebliche Körperverletzungen zuzufügen.

❓ Anforderungen an das Beisichführen
Zeitlich: Nach BGH zu irgendeinem Zeitpunkt **zwischen Versuchsbeginn und Beendigung** (also auch zur Beutesicherung).
A.A. bestreitet (insbes. mit Hinweis auf Art 103 II GG und § 252) dass ein Beisichführen in der Phase zwischen Vollendung und Beendigung ausreicht, wodurch eine schon begangene Tat qualifiziert würde (sog. **sukzessive Qualifikation**). Näher hierzu unten bei § 250.
Ein Beisichführen im **Vorbereitungsstadium** (z.B. bei der Fahrt zum Tatort) oder auf der Flucht nach einem fehlgeschlagenen Versuch reicht nicht aus.

Personell muss der Täter oder ein anderer Beteiligter das Werkzeug bei sich führen.

Räumlich: Nicht erforderlich ist, dass der Täter den Gegenstand in der Hand hält oder am Körper trägt; es genügt, wenn er so in seiner räumlichen Nähe ist, dass er ihm unmittelbar zur Verfügung steht, so dass er sich seiner jederzeit ohne nennenswerten Zeitaufwand bedienen kann. Unerheblich ist, ob der Beteiligte den Gegenstand zum Tatort mitbringt, ihn dort erst an sich bringt oder sogar erst aus der Beute erlangt.

❓ Begriff des sonstigen Werkzeugs/Anforderungen an eine „Scheinwaffe"
Sonstige Werkzeuge sind z.B. Stricke oder Stromkabel mit denen der Täter das Opfer z.B. fesselt. Hierbei genügt für das „Bei-Sich-Führen", wenn der Täter den Gegenstand in der konkreten Tatsituation ergreift.

Von §§ 244 I Nr. 1b), 250 I Nr. 1b werden insbesondere Waffen-Attrappen – die sog. „**Schein-waffen**" – erfasst, also Gegenstände, die tatsächlich keine Verletzungen verursachen können und deren Verletzungstauglichkeit der Täter nur vortäuscht.
Nicht erfasst hingegen werden Gegenstände, die vom äußeren Erscheinungsbild her offensichtlich ungefährlich sind, bei denen der Eindruck einer Gefährlichkeit also ausschließlich auf einer ergänzenden verbalen Vorspiegelung der Gefährlichkeit beruht (z.B. ein **Labello-Stift** oder eine **Wasserpistole** oder ein **Plastikrohr**).

*[Fall: Täter betrat eine Tankstelle, stellte eine verschlossene **Sporttasche** auf die Verkaufstheke, nahm demonstrativ sein Mobiltelefon in die Hand und erklärte dem Verkäufer, in der Tasche befinde sich eine Bombe, die er mit einem „Handy-Signal" zünden werde, wenn ihm nicht das Geld aus der Kasse ausgehändigt werde.]*

BGH: Für einen objektiven Beobachter war die Gefährlichkeit der vom Angeklagten verwendeten Gegenstände, die er täuschend als „Bombe" bezeichnete, überhaupt nicht einzuschätzen; der äußere Augenschein gab keinen Anhaltspunkt dafür, ob die Behauptung des Angeklagten über die Gefährlichkeit zutraf. Folglich liegt eine „Scheinwaffe" vor. (BGH, 2 StR 295/10, JuS 2011, 757; BGH, 3 StR 259/15, JA 2016, 71, für Koffertrolley)

Kritik: Die Sporttasche ist aus der Sicht eines objektiven Betrachters offensichtlich ungefährlich. Der Einschüchterungseffekt ist beim Opfer erst durch die Erklärung des Täters entstanden, dass sich in der Tasche eine funktionsfähige Bombe befinde. Folglich beruht auch hier die Einschüchterung maßgeblich auf der Täuschung – wie im Labello-Fall. (Hecker, JuS 2011, 757, 759; Jäger, JA 2016, 71, 73)

ⓟ Voraussetzungen für eine Bande

Mindestens 3 Personen müssen sich (u.U. auch spontan) mit dem ernsthaften Willen (u.U. auch konkludent) zusammengeschlossen haben, künftig für eine gewisse Dauer mehrere selbstständige im Einzelnen noch ungewisse Straftaten zu begehen (sog. **„Bandenabrede"**).

Nach vorheriger Bandenabrede kann auch eine **von nur zwei Mitgliedern** verübte Tat als Bandentat zu qualifizieren sein, da das für das Vorliegen einer Bande erforderliche dritte Mitglied nicht in die konkrete Tatbegehung eingebunden sein muss (Wortlaut: „unter Mitwirkung *eines* anderen Bandenmitglieds").

Mindestens einer der konkret Tatbeteiligten muss Täter sein. Andere Bandenmitglieder können bei der konkreten Tat auch als Anstifter oder Gehilfen mitwirken. Allerdings kann es keine „Teilnehmer-Bande" geben.

Die Wegnahmehandlung selbst kann auch ein Nichtbandenmitglied vornehmen.

Eine **Anwesenheit am Tatort** ist nicht nötig. Das Merkmal „unter Mitwirkung" stellt also nur klar, dass nicht ein Bandenmitglied alleine einen Bandendiebstahl begehen kann. (Achtung: Dies ist bei §§ 260, 260a anders! Vgl. Wortlaut!)

Fazit: „Countdown-Prinzip":

- **Drei** Personen braucht eine Bande mindestens.
- **Zwei** Bandenmitglieder müssen mindestens an der konkreten Tat beteiligt sein.
- **Ein** Bandenmitglied muss als Täter an der Tat mitwirken.
- **Null** Bandenmitglieder müssen am Tatort anwesend sein.

Die (fehlende) Mitgliedschaft in der Bande sagt nichts aus über die Frage, ob ein Beteiligter als Täter oder Teilnehmer an der Tat beteiligt ist! Hierfür gelten die allgemeinen Abgrenzungsregeln.

ⓟ § 28 und die Bandenmitgliedschaft

Die Bandenmitgliedschaft ist **besonderes persönl. Merkmal i.S.v. § 28 II.** Deshalb können Beteiligte, die selbst nicht Bandenmitglieder sind, nur wegen Beteiligung am Grunddelikt oder anderen Qualifikationen bestraft werden.

❷ Anforderungen an den Wohnungsbegriff

Unter den Wohnungsbegriff i.S.d. Abs. 1 Nr. 3 fallen **nicht**:

- Gasträume eines Hotels,
- Gartenlauben,
- freistehende Garagen und Nebengebäude,
- in größeren Mietshäusern die selbstständigen Gemeinschaftsräume, z.B. Keller Außenflure, Speicher,
- die Gemeinschaftsräume oder der Empfangsbereich eines Heimes,
- leerstehende Wohnungen,

wohl aber:

- die Zimmer von Heimbewohnern,
- Flure oder Keller von Einfamilienhäusern wegen der unmittelbaren Verbindung zum Wohnbereich, nicht jedoch bei vom Wohnbereich getrennten Kellerräumen eines Mehrfamilienhauses,
- ausschließlich beruflich genutzte, aber in den Wohnbereich integrierte Räume,
- Wohnmobile und Wohnwagen jedenfalls dann, wenn sie Menschen zumindest vorübergehend zur Unterkunft dienen,
- Hotelzimmer, Bordkabinen.

Zum **Versuchsbeginn** ist darauf zu achten, dass der Täter zur Wegnahme angesetzt haben muss. Dies ist nicht der Fall, wenn er bisher z.B. nur in den Garten eines Hauses eingedrungen ist, aus welchem er stehlen möchte.

Konkurrenzen: Treffen § 244 I Nr. 1 und 3 zusammen, liegt auch aus Gründen der klarstellenden Funktion der Tateinheit § 52 vor.

UNTERSCHLAGUNG, § 246

SCHEMA MIT DEFINITIONEN

I. Tatbestand

1. Fremde bewegliche Sache

2. Zueignung

DEFINITION
Zueignung ist die Manifestation des Zueignungswillens in objektiv erkennbarer Weise.

a) Zueignungswille

DEFINITION
Aneignungswille ist der Wille, die Sache selbst oder den in ihr verkörperten Sachwert wenigstens vorübergehend dem eigenen Vermögen oder dem Vermögen eines Dritten einzuverleiben.

Enteignungswille ist der Wille, den Berechtigten auf Dauer aus seiner Eigentümerposition zu verdrängen, d.h. ihm die Sache selbst oder den in ihr verkörperten Sachwert auf Dauer zu entziehen.

b) Manifestationshandlung

3. Rechtswidrigkeit der Zueignung

4. Vorsatz

II. Rechtswidrigkeit und Schuld

SCHEMA MIT PROBLEMÜBERSICHT

I. Tatbestand

1. Fremde bewegliche Sache

2. Zueignung

- **❷** Manifestationstheorien
- **❷** Wiederholte Zueignung
- **❷** „sich zueignet" beim bloßen Diebstahlsversuch

3. Rechtswidrigkeit der Zueignung

4. Vorsatz

II. Rechtswidrigkeit und Schuld

- **❷** Subsidiaritätsklausel

DIE PROBLEME – LÖSUNGSANSÄTZE

ⓟ Manifestationstheorien

[Fall: T findet einen Ring, hebt ihn auf und geht weiter.]

Die enge Manifestationstheorie stellt auf einen neutralen Beobachter ab und führt bei der Fundunterschlagung zur Ablehnung der Strafbarkeit, da der Täter die Fundsache auch zum Fundbüro bringen könnte („neutrale Handlung"). Der BGH folgt – trotz dieser Beweisprobleme in der Praxis – der weiten Manifestationstheorie, die auf einen Beobachter abstellt, der den eventuellen Zueignungswillen des Täters kennt.

ⓟ Wiederholte Zueignung

Kann nach einem vollendeten Vermögensdelikt durch eine zeitlich spätere Tat erneut eine (wiederholte) Unterschlagung begangen werden?

[Fall: Dieb vermietet die gestohlene Sache an einen Gutgläubigen.]

BGH (**Tatbestandslösung**): (-), da der Täter sich die gleiche Sache nicht mehrfach zueignen kann. Anderenfalls auch Verjährungsproblem wg. sich ständig wiederholender weiterer Zueignungen, für die stets eine neue Verjährungsfrist beginnen würde.

h.L. (**Konkurrenzlösung**): (+), da sonst mangels Haupttat Strafbarkeitslücken für Teilnehmer an der wiederholten Zueignungshandlung entstehen können. Für den Haupttäter tritt die wiederholte Tat nach § 246 I als mitbestrafte Nachtat auf Konkurrenzebene zurück.

Jedenfalls § 246 in Tatmehrheit bei **Schadensvertiefung**. Bspl.: Eigentumsverlust des Alteigentümers durch wiederholte Zueignungshandlung, nachdem er z.B. durch den vorausgehenden § 263 [kein Abhandenkommen i.S.v. § 935 I BGB] nur seinen Besitz verloren hat.

[Fall: Betrüger verkauft die durch den Betrug erlangte Sache an einen Gutgläubigen, der nunmehr das Eigentum an der Sache erwirbt.]

[Rückausnahme – keine Schadensvertiefung – beim Tatobjekt Geld wegen § 935 II BGB.]

ⓟ „sich zueignet" beim bloßen Diebstahlsversuch

Der bloße Diebstahlsversuch ist zwar begrifflich eine „Manifestation des Zueignungswillens", jedoch ist eine **restriktive Auslegung** nötig, wenn die Tat keine „Vollendungskomponente" aufweist. Anderenfalls wäre beim Rücktritt vom Diebstahlsversuch § 246 dennoch i.d.R. vollendet, wodurch der Rücktritt faktisch leer laufen würde. Diese **Vollendungskomponente** wird – bei gleichen Ergebnissen – unterschiedlich umschrieben: Erlangung von Gewahrsam, bzw. Besitz bzw. einer Nähebeziehung zur Sache.

[Fall: T steckt sich eine Sache ein. Hierbei wird er jedoch im Rahmen einer „Diebesfalle" beobachtet. Kurz darauf wird T festgenommen.]

Wegen des Einverständnisses im Rahmen der Diebesfalle ist § 242 nicht vollendet, sondern nur versucht. § 246 ist wegen der Vollendungskomponente gegeben. Nun stellt sich das Problem der Reichweite der Subsidiaritätsklausel (dazu unten).

ⓟ Subsidiaritätsklausel

Diese gilt nach BGH (Wortlaut) ohne Rücksicht auf die Klarstellungsfunktion des Tenors; deshalb nach BGH z.B. im o.g. Fall der **Diebesfalle** nur Bestrafung wg. Versuchs des § 242, nach a.A. Tateinheit, § 52, mit § 246, um die „Vollendungskomponente" im Tenor zu verdeutlichen.

BETRUG, § 263 – ÜBERBLICK

SCHEMA MIT DEFINITIONEN

I. Tatbestand

1. Täuschung über Tatsachen

DEFINITION

Täuschung ist jede intellektuelle Einwirkung auf das Vorstellungsbild eines anderen, die geeignet ist, eine Fehlvorstellung über Tatsachen hervorzurufen oder aufrechtzuerhalten. **Tatsachen** sind alle vergangenen oder gegenwärtigen Zustände oder Geschehnisse, die dem Beweis zugänglich sind.

2. Täuschungsbedingter Irrtum

DEFINITION

Irrtum ist jede Fehlvorstellung über Tatsachen.
Ein Irrtum wird **erregt**, wenn er durch das Verhalten des Täters hervorgerufen wird.
Ein Irrtum wird **unterhalten**, wenn der Täter eine bereits bestehende Fehlvorstellung bestärkt oder deren Aufklärung verhindert.

3. Irrtumsbedingte Vermögensverfügung

DEFINITION

Vermögensverfügung ist jedes Handeln, Dulden oder Unterlassen des Opfers, das sich unmittelbar vermögensmindernd auswirkt.

4. Verfügungsbedingter Vermögensschaden

DEFINITION

Ein **Vermögensschaden** liegt vor, wenn der Gesamtwert des Vermögens des Opfers durch die Vermögensverfügung verringert wurde.

5. Vorsatz bzgl. 1. bis 4.

6. Absicht rechtswidriger und stoffgleicher Bereicherung

a) Bereicherungsabsicht

DEFINITION
Bereicherungsabsicht
Vermögensvorteil ist jede günstigere Gestaltung der Vermögenslage.

b) Stoffgleichheit der beabsichtigten Bereicherung

DEFINITION

Stoffgleichheit der beabsichtigten Bereicherung ist gegeben, wenn diese die Kehrseite des Vermögensschadens beim Opfer darstellt, was der Fall ist, wenn Vorteil und Schaden auf derselben Verfügung beruhen und der Vorteil zu Lasten des geschädigten Vermögens geht.

c) Rechtswidrigkeit der beabsichtigten Bereicherung

DEFINITION

Rechtswidrig ist die vom Täter beabsichtigte Bereicherung dann, wenn sie im Widerspruch zur materiellen Rechtsordnung steht, d.h. wenn der Täter – oder bei einer Drittbereicherungsabsicht der Dritte – keinen fälligen, durchsetzbaren Anspruch auf die Bereicherung hat.

d) Vorsatz bzgl. b) und c)

II. Rechtswidrigkeit

III. Schuld

IV. Besonders schwerer Fall, § 263 III

SCHEMA MIT PROBLEMÜBERSICHT

I. Tatbestand

   1. Täuschung über Tatsachen
- Ⓟ Konkludente Täuschung
- Ⓟ Täuschung durch wahre Aussagen
- Ⓟ Rechtsauffassungen als Tatsachen
- Ⓟ Täuschung durch Unterlassen, §§ 263 I, 13

   2. Täuschungsbedingter Irrtum
- Ⓟ Anforderung an die Kausalität zwischen Täuschung und Irrtum
- Ⓟ Sachgedankliches Mitbewusstsein
- Ⓟ Zweifel des Getäuschten
- Ⓟ Irrtum bei Versäumnisurteil und im Mahnverfahren

   3. Irrtumsbedingte Vermögensverfügung
- Ⓟ Notwendigkeit des Verfügungsbewusstseins
- Ⓟ „Trickdiebstahl" (Abgrenzung § 242/§ 263)
- Ⓟ Verborgene Gegenstände an der Kasse (Abgrenzung § 242/§ 263)
- Ⓟ Dreiecksbetrug
- Ⓟ Abwehr von Bußen oder Strafen

   4. Verfügungsbedingter Vermögensschaden
- Ⓟ Vermögensbegriffe
- Ⓟ Eingehungsbetrug
- Ⓟ Erfüllungsbetrug
- Ⓟ Spenden- und Bettelbetrug
- Ⓟ Schadensgleiche Vermögensgefährdung/Gefährdungsschaden
- Ⓟ Persönlicher/individueller/subjektiver Schadenseinschlag
- Ⓟ (modifizierte) Makeltheorie

   5. Vorsatz bzgl. 1. bis 4.

   6. Absicht rechtswidriger und stoffgleicher Bereicherung
- **a) Bereicherungsabsicht**
  - Ⓟ Vergleich Bereicherungsabsicht mit Zueignungsabsicht
- **b) Stoffgleichheit der beabsichtigten Bereicherung**
  - Ⓟ Inhalt des Merkmals Stoffgleichheit
- **c) Rechtswidrigkeit der beabsichtigten Bereicherung**
  - Ⓟ Inhalt des Merkmals Rechtswidrigkeit
- **d) Vorsatz bzgl. b. und c.**

II. Rechtswidrigkeit

III. Schuld

IV. Besonders schwerer Fall, § 263 III

BETRUG, § 263 – TÄUSCHUNG ÜBER TATSACHEN

SCHEMA MIT DEFINITIONEN UND PROBLEMÜBERSICHT

I. Tatbestand

1. Täuschung über Tatsachen

DEFINITION

Täuschung ist jede intellektuelle Einwirkung auf das Vorstellungsbild eines anderen, die geeignet ist, eine Fehlvorstellung über Tatsachen hervorzurufen oder aufrechtzuerhalten.

Tatsachen sind alle vergangenen oder gegenwärtigen Zustände oder Geschehnisse, die dem Beweis zugänglich sind.

ⓟ Konkludente Täuschung
ⓟ Täuschung durch wahre Aussagen
ⓟ Rechtsauffassungen als Tatsachen
ⓟ Täuschung durch Unterlassen, §§ 263 I, 13

DIE PROBLEME – LÖSUNGSANSÄTZE

ⓟ Konkludente Täuschung

Konkludent miterklärt ist eine Tatsache, wenn das Verhalten des Täters ansonsten widersprüchlich wäre. Maßgebl. ist der Erklärungswert, der dem Gesamtverhalten des Täters nach Empfängerhorizont und Verkehrsanschauung zukommt.

Beispiele:

Das **Eingehen einer vertraglichen Verpflichtung**

- enthält die konkludente Erklärung des Erfüllungswillens und der Erfüllungsfähigkeit des Verpflichteten (z.B. bei geplanter Zechprellerei).
- enthält die Erklärung des Vorliegens der Umstände, die den jeweiligen Geschäftstyp ausmachen, d.h. die **Geschäftsgrundlage** bilden.
  Merksatz: Das Verschweigen einer vorausgegangenen oder zukünftig geplanten Manipulation stellt im Rahmen von Austauschverhältnissen regelmäßig eine konkludente Täuschung über die Geschäftsgrundlage dar.
  [Fälle: Es ist bei Abschluss einer Lebensversicherung von Anfang an geplant, den eigenen Tod vorzutäuschen oder der Täter wettet auf den Ausgang eines Spiels dessen Ergebnis er durch Bestechung des Schiedsrichters beeinflussen will; bei Wettautomaten oder Internetwetten, ist § 263a I 3. Var. mögl., BGH, 4 StR 496/15, RA 2016, 273).]

In dem **Einfordern einer Leistung**, auf die kein Anspruch besteht, liegt nur dann eine betrugsrelevante Täuschung über Tatsachen, wenn entweder ein Bezug zu einer unzutreffenden

Tatsachenbasis hergestellt oder die rechtliche Wirksamkeit des Anspruchs wahrheitswidrig als gesichert dargestellt wird.
(+) bei einer Einziehung von Geld vom Girokonto.

Das **dingliche Übereignungsangebot** enthält die konkludente Erklärung, dass zumindest eine Verfügungsbefugnis besteht.

Die bloße **Entgegennahme einer Leistung** enthält **nicht** die konkludente Erklärung, dass diese Leistung auch geschuldet sei (z.B. wenn die Kassiererin im Supermarkt zu viel Wechselgeld herausgibt).

Das **Angebot** einer Ware oder Leistung **zu einem bestimmten Preis** enthält grds. **nicht** die konkludente Erklärung, dieser Preis sei angemessen oder üblich. **Anders** aber, wenn ein Preis nicht frei verhandelbar ist, sondern durch eine gesetzliche Regelung (z.B. Gebührensatzung) festgeschrieben ist. Die Abrechnung enthält dann die konkludente Erklärung, dass sie der gesetzlichen Regelung entspricht.

Auch **keine** konkludente Täuschung bei Verfügung über Geldbeträge aus **Fehlbuchungen bzw. -überweisungen** auf Girokonto. Ebenso nicht bei Geldabhebung am Geldautomaten. Arg.: Es ist Aufgabe des Kontoführers, also der Bank, den Stand des Kontos zu überprüfen.

℗ Täuschung durch wahre Aussagen
Leichtgläubigkeit oder Erkennbarkeit der Täuschung bei hinreichend sorgfältiger Prüfung schließen die Schutzbedürftigkeit des Opfers nicht aus.
Täuschung, wenn die Eignung der – isoliert betrachtet – inhaltlich richtigen Erklärung, einen Irrtum hervorzurufen, planmäßig eingesetzt wird und die Irrtumserregung nicht nur die bloße Folge, sondern der Zweck der Handlung ist („**rechnungsähnliches Angebotsschreiben**", „**Abo-Fallen**" im Internet, wo durch die Gestaltung der Seite deren Kostenpflichtigkeit gezielt und bewusst verschleiert wird [BGH, 2 StR 616/12, RA 2014, 492]).
Nötig ist sowohl eine objektive (= objektive Eignung der Erklärung zur Irrtumserregung) als auch eine subjektive (= direkter Vorsatz) Komponente.

℗ Rechtsauffassungen als Tatsachen
Anders als im Zivilprozess, dessen abschließende Entscheidungen durch einen selbst rechtlich kompetenten Richter ergehen, stellen außergerichtliche Darstellungen von Rechtsauffassungen (vor allem durch Anwälte) gegenüber einem Verbraucher mit dem Ziel, diesen zu einer Zahlungsverpflichtung durch Vergleich zu bewegen, eine Tatsachenbehauptung dar.
[Fall: Möglich bei anwaltlichen Abmahnschreiben bzgl. angeblicher Urheberrechtsverletzungen.]

℗ Täuschung durch Unterlassen, §§ 263 I, 13
Ein Betrug durch Unterlassen kommt nur in Betracht, wenn es eine Pflicht zur Aufklärung über den wahren Sachverhalt gibt. Nicht aus einer Nebenpflicht oder Treu und Glauben (§ 242 BGB) bei einer normalen Vertragsbeziehung. Deshalb besteht z.B. keine Pflicht, über zu viel herausgegebenes Wechselgeld aufzuklären. Anders u.U. bei Dauerschuldverhältnissen und bei ständigen Geschäftsbeziehungen zwischen Kaufleuten. Aber „Machtverhältnisse" beachten, deshalb aus dem Girovertrag keine Aufklärungspflicht gegenüber der Bank.

BETRUG, § 263 – TÄUSCHUNGSBEDINGTER IRRTUM

SCHEMA MIT DEFINITIONEN UND PROBLEMÜBERSICHT

I. Tatbestand

1. Täuschung über Tatsachen

2. Täuschungsbedingter Irrtum

> **DEFINITION**
>
> **Irrtum** ist jede Fehlvorstellung über Tatsachen.
> Ein Irrtum wird **erregt**, wenn er durch das Verhalten des Täters hervorgerufen wird.
> Ein Irrtum wird **unterhalten**, wenn der Täter eine bereits bestehende Fehlvorstellung bestärkt oder deren Aufklärung verhindert.

🅟 Anforderung an Kausalität
🅟 Sachgedankliches Mitbewusstsein
🅟 Zweifel des Getäuschten
🅟 Irrtum bei Versäumnisurteil und im Mahnverfahren

DIE PROBLEME – LÖSUNGSANSÄTZE

🅟 Anforderung an die Kausalität zwischen Täuschung und Irrtum

Z.T. wird von äquivalenter Kausalität („conditio sine qua non") gesprochen, z.T. davon, dass es ausreicht, dass die Täuschung den Irrtum mitverursacht hat.

🅟 Sachgedankliches Mitbewusstsein

Die Fehlvorstellung des Betrugsopfers muss nicht stets reflektiert sein; reines Nichtwissen (**ignorantia facti**) genügt aber nicht. Es genügt, wenn der Getäuschte das aus bestimmten Tatsachen abgeleitete Gefühl hat, es sei „alles in Ordnung" (sog. **„sachgedankliches Mitbewusstsein"**). So z.B. die Vorstellung des Opfers, dass das Geld echt sei, bei Zahlung mit Falschgeld (BGH, 3 StR 162/13, RA 2014, 106). Selbst ohne konkrete Prüfung der Rezepte durch einen Krankenkassenmitarbeiter im Einzelfall kann im standardisierten, auf Massenerledigung angelegten Abrechnungsverfahren der jeweilige Mitarbeiter hinsichtlich jeder einzelnen geltend gemachten Position die positive Vorstellung haben, sie sei nach Grund und Höhe berechtigt (BGH, 2 StR 109/14).

Merke: Was nicht zum (z.B. durch den Arbeitgeber vorgegebenen) „Prüfungsprogramm" des Einzelnen gehört, kann auch nicht Irrtumsgegenstand sein.

🅟 Zweifel des Getäuschten

h.M.: Ausreichend ist für eine Täuschung, wenn die Tatsache für *möglicherweise* wahr gehalten wird.

[Fall: Das Opfer eines Geldanlagebetrugs hatte Zweifel, ob es sich um eine seriöse Anlage handelt, hat sich aber schließlich wegen der versprochenen hohen Rendite auf das Geschäft eingelassen.]

Gutachten: Man könnte wegen des Zweifels des Opfers einen Fall der Selbstgefährdung annehmen, welcher die Zurechnung des Erfolges ausschließen würde. Dies ist dann aber meist abzulehnen.

🅟 Irrtum bei Versäumnisurteil und im Mahnverfahren

Versäumnisurteil: Wegen § 331 ZPO sehr str., ob beim Richter ein Irrtum erregt wird, da dieser den Vortrag der anwesenden Partei als unstreitig werten müsse.

Sehr str. auch im Fall des **Mahnverfahrens**.

[Fall: Täter beantragt den Erlass eines Mahnbescheids gegen Opa O, obwohl die behauptete Forderung nicht besteht. O bezahlt.]

Der BGH, 4 StR 491/11, hat einen Betrug bejaht:

Täuschung

e.A. (-), da aus den im Antrag enthaltenen kargen Angaben keine Behauptungen bezüglich tatsächlicher Umstände herausgelesen werden können.

Wohl h.M. (+), da die Angaben einen objektivierbaren Tatsachenkern haben.

Irrtum

h.L. (-); wg. § 691 I Nr. 2 ZPO (keine Prüfung der Schlüssigkeit der Klage!) mache sich der Rechtspfleger über das Bestehen der Forderung keine Gedanken (übrigens: meist automatisiertes Verfahren; im automatisierten Verfahren § 263a möglich mit paralleler Problemstellung)

BGH (+), da der Rechtspfleger zumindest die Vorstellung habe, dass der Anspruch möglicherweise bestehe. Er habe das sachgedankliche Mitbewusstsein, dass die Angaben eines Antragstellers in tatsächlicher Hinsicht der Wahrheit entsprechen. Dies folge daraus, dass er bei offensichtlich unbegründeten Forderungen den Mahnbescheid nicht erlassen dürfe.

Vermögensverfügung

Kritik am BGH: Der Erlass des Mahnbescheids selbst begründe noch nicht einmal eine Vermögensgefährdung. Denn die Gefahr eines Vermögensschadens durch Vollstreckung drohe erst mit Erlass und Zustellung des Vollstreckungsbescheides wirklich konkret.

Für den BGH spricht jedoch, dass Täter ansonsten bei Opfern, die bereits auf Mahnbescheid hin bezahlen, weiterhin straflos bleiben würden.

BETRUG, § 263 – IRRTUMSBEDINGTE VERMÖGENSVERFÜGUNG

SCHEMA MIT DEFINITIONEN UND PROBLEMÜBERSICHT

I. **Tatbestand**

   1. Täuschung über Tatsachen

   2. Täuschungsbedingter Irrtum

   3. Irrtumsbedingte Vermögensverfügung

> **DEFINITION**
>
> **Vermögensverfügung** ist jedes Handeln, Dulden oder Unterlassen des Opfers, das sich unmittelbar vermögensmindernd auswirkt.
>
> **ⓟ** Notwendigkeit des Verfügungsbewusstseins
> **ⓟ** „Trickdiebstahl" (Abgrenzung § 242/§ 263)
> **ⓟ** Verborgene Gegenstände an der Kasse (Abgrenzung § 242/§ 263)
> **ⓟ** Dreiecksbetrug
> **ⓟ** Abwehr von Bußen oder Strafen

DIE PROBLEME – LÖSUNGSANSÄTZE

ⓟ Notwendigkeit des Verfügungsbewusstseins

Grundsätzlich ist kein Verfügungsbewusstsein nötig, z.B. beim Forderungsbetrug.
Ausnahmsweise wird das Verfügungsbewusstsein zur Abgrenzung zur Wegnahme beim Diebstahl (sog. Sachbetrug) benötigt.

ⓟ „Trickdiebstahl" (Abgrenzung § 242/§ 263)

Das irrtumsbedingte Verhalten des Getäuschten muss **unmittelbar** – also ohne dass zusätzliche (deliktische) Zwischenschritte erforderlich sind – die Vermögensminderung herbeiführen. Daran fehlt es, wenn das irrtumsbedingte Verhalten des Opfers dem Täter nur die Möglichkeit gibt, den Vermögensschaden durch weitere selbstständige deliktische Schritte herbeizuführen, m.a.W. die Sache zumindest leichter wegnehmen zu können. In diesem Fall: § 242.
Wer sein Handy auf Bitte einem Dritten zur Nutzung überlässt und es dann – gemäß vorgefasster Absicht – nicht zurückerhält, wird i.d.R. bestohlen (BGH, 1 StR 402/16, RA 2017, 49 = JuS 2017, 696). Gleiches gilt, wenn das Opfer die Sache dem Täter zu einer angeblichen „Qualitätskontrolle" übergibt (BGH, 2 StR 342/16, RA 2017, 549).

℗ Verborgene Gegenstände an der Kasse (Abgrenzung § 242/§ 263)

[Fall: Täter verbirgt Gegenstände vor den Augen der Kassiererin z.B. im Einkaufswagen oder in einer undurchsichtigen Verpackung (Winkelschleifer- und Pampers-Fall).]

Verbergung an sich noch kein § 242, da keine Enklave, und auch kein § 246 (zwar begrifflich Manifestation des Zueignungswillens, aber restriktive Auslegung; vgl. bei § 246).

Kassiererin hat nach h.M. nur **konkretes Verfügungsbewusstsein** über die ihr vorgezeigten Gegenstände, nach M.M. abstraktes Verfügungsbewusstsein über gesamten Inhalt z.B. der Verpackung. Argumente für h.M.: Bewusstsein zur Verfügung nur für die auf dem Kassenbon aufgeführten Gegenstände; ansonsten auch schwere Verletzung des Arbeitsvertrags. H.M.: § 242 (beachte Konsequenzen für eventuelle Folgestraftat § 252: es gibt keinen „räuberischen Betrug").

Besonders streitig: Verklebte/verschweißte Verpackung; hier viele für abstraktes Verfügungsbe-wusstsein. Mit Blick auf § 252 ist eine unterschiedliche Behandlung der Fälle des verborgenen Gegenstands aber kaum zu rechtfertigen.

Achtung: Wenn Verpackung durchsichtig, dann § 263 durch Täuschung über den regulären Inhalt der Verpackung. Kassiererin verfügt, da sie die Sachen sieht.

℗ Dreiecksbetrug

Näheverhältnis zw. Verfügendem und Geschädigtem nötig, um den Charakter als Selbst-schädigungsdelikt aufrecht zu erhalten. H.M.: **Lagertheorie** [ausreichend, dass der Verfü-gende schon vor der Tat im Lager des Geschädigten steht; *„näher als jeder x-beliebige Dritte"*], M.M.: Befugnistheorie [nötig sei rechtliche Ermächtigung zur Verfügung]. Sofern das Näheverhältnis fehlt, liegt ein Diebstahl in mittelbarer Täterschaft vor. So z.B. wenn F dem „Liebesschwindler" M Gold aus dem Tresor ihrer Eltern überlässt, um ihm über einen „Engpass" hinweg zu helfen (BGH, 1 StR 41/17, RA 2017, 499).

Sonderfall: Prozessbetrug (Betrug ggü. dem Gericht zum Nachteil der anderen Prozesspartei.) Nähebeziehung folgt aus der rechtlichen Befugnis des Richters, kraft hoheitlicher Stellung Anordnungen unmittelbar zu Lasten fremden Vermögens zu treffen (vgl. § 300 I ZPO).
Beachte: Beim Geschädigten muss nicht zwingend auch ein Irrtum vorliegen. Es genügt (ist aber auch unverzichtbar), dass beim Verfügenden der Irrtum vorliegt. So kennt beim Prozessbetrug die geschädigte Partei den wahren Sachverhalt; der Irrtum liegt beim verfügenden Gericht.

℗ Abwehr von Bußen oder Strafen

Wer eine Strafe oder eine Buße durch Täuschung desjenigen abwehrt, der berechtigt wäre, die Strafe auszusprechen (Richter, Stadtpolizist), macht sich nicht wegen Betrugs strafbar. Die Nichtverhängung der Strafe stellt keine Vermögensverfügung dar, da die „Erwartung der zu zahlenden Strafe" keine gesicherte Erwerbsaussicht darstellt und diese Erwartung auch nicht dem Sinn der Strafe bzw. Buße entspricht.
[Fall: Abwehr eines „Knöllchens", indem ein alter Strafzettel an den Scheibenwischer geklemmt wird, um ein bereits erteiltes „Knöllchen" vorzutäuschen.]

BETRUG, § 263 – VERFÜGUNGSBEDINGTER VERMÖGENSSCHADEN

SCHEMA MIT DEFINITIONEN UND PROBLEMÜBERSICHT

I. Tatbestand

1. Täuschung über Tatsachen

2. Täuschungsbedingter Irrtum

3. Irrtumsbedingte Vermögensverfügung

4. Verfügungsbedingter Vermögensschaden

> **DEFINITION**
> Ein **Vermögensschaden** liegt vor, wenn der Gesamtwert des Vermögens des Opfers durch die Vermögensverfügung verringert wurde.

- **P** Vermögensbegriffe
- **P** Eingehungsbetrug
- **P** Erfüllungsbetrug
- **P** Spenden- und Bettelbetrug
- **P** Schadensgleiche Vermögensgefährdung/Gefährdungsschaden
- **P** Persönlicher/individueller/subjektiver Schadenseinschlag
- **P** (modifizierte) Makeltheorie

DIE PROBLEME – LÖSUNGSANSÄTZE

P Vermögensbegriffe

Rein wirtschaftlicher Vermögensbegriff (BGH, 2 StR 335/15): Hiernach umfasst das Vermögen die Gesamtheit aller vermögenswerten Güter und Rechtspositionen einer Person. Zweck: Keine Strafbarkeitslücken im Ganovenmilieu.

Der **juristisch-ökonomische Vermögensbegriff** verlangt zusätzlich, dass sie unter dem Schutz der Zivilrechtsordnung stehen und nicht rechtlich missbilligt werden.

Beachte: Dieser Streit hat auch Relevanz im Bereich der Erpressung.

[Fälle: Kann man einem Dieb z.B. einen Teil seiner Beute i.S.d. § 253 abpressen?
Kann z.B. der gedungene Mörder den Auftraggeber betrügen, indem er Vorkasse kassiert, obwohl er die Tat nicht ausführen will?]
Jur.-ökon.: Nein – rein wirtschaftl.: Ja, da die faktische Besitzposition am Geld zivilrechtlich geschützt wird, weshalb die Sittenwidrigkeit des Rechtsgeschäfts keine Rolle spielt.

[Fall: Kann man einen Auftragskiller um seinen Mordlohn betrügen?]
Wohl allg. Ansicht § 263 (-), da der strafbar eingesetzten „Arbeitskraft" des Killers auch kein „faktischer" Wert innewohnt.

Anders, wenn Freier die Prostituierte um ihren Lohn bringt: § 1 ProstG gewährt der Prostituierten einen durchsetzbaren Anspruch. Es kommen dann § 263 oder §§ 253, 255 in Betracht (BGH, 1 StR 435/15, RA 2016, 329, 330, zu § 263).

Gutachten: Das Problem der Vermögensbegriffe wird i.d.R. in Skripten und Lehrbüchern im „Schaden dargestellt. Im Gutachten taucht das Problem jedoch bereits im Merkmal „Vermögensverfügung erstmals auf und muss im Gutachten auch an dieser Stelle behandelt werden. Sie können nicht die Vermögensverfügung bejahen und dann beim Schaden schreiben, dass es ein Problem bei dem Begriff Vermögen geben würde.

Ⓟ Eingehungsbetrug

Wenn schon im Zeitpunkt des Vertragsschlusses die geschuldete Leistung im Vergleich mit der versprochenen Gegenleistung kein Äquivalent darstellt.

Für den Versuchsbeginn ist grundsätzlich ein ernst gemeintes, von einer Täuschungshandlung begleitetes Vertragsangebot ausreichend, das in der Vorstellung erfolgt, der andere Teil werde es möglicherweise annehmen.

[Fall: Erschleicht sich der Täter durch Täuschung über seine Zahlungswillig- und Zahlungsfähigkeit den Aufenthalt in einem Hotel, liegt bereits mit der Überlassung des Hotelzimmers ein vollendeter Eingehungsbetrug vor; eine spätere Zahlung berührt den tatbestandlichen Schaden nicht (BGH, 4 StR 141/17).]

Gutachten: In der Bezahlung liegt kein „Rücktritt", da der Eingehungsbetrug ja bereits vollendet ist.

Ⓟ Erfüllungsbetrug

Die Erfüllung einer täuschungsbedingt eingegangenen, vermögensnachteiligen Verpflichtung vertieft den bereits eingetretenen Schaden. Beide Verfügungen und die durch sie ausgelösten Nachteile bilden zusammen eine Betrugstat. Dabei ist für die Schadensfeststellung jedenfalls dann allein auf die Erfüllungsphase abzustellen, wenn der Getäuschte seine Verpflichtung aus dem Vertrag restlos erfüllt hat und der mit dem Vertragsschluss ausgelöste Nachteil deshalb vollständig in dem durch die Vertragserfüllung herbeigeführten Schaden enthalten ist.

Gutachten: Folgt dem Eingehungs- der Erfüllungsbetrug nach, so ist nur ein einheitlicher Betrug zu prüfen.

Ⓟ Spenden- und Bettelbetrug

Zwar Schaden nach Gesamtsaldierung, jedoch wollte Spender gar kein wirtschaftliches Äquivalent. Dennoch Schaden wegen „sozialer Zweckverfehlung". Insoweit unterschiedl. Begründungsmuster: M.M.: § 263 verlange unbewusste Selbstschädigung, deshalb eigentlich kein Schaden, aber Schaden wegen Zweckverfehlung. H.M.: § 263 erfasst auch bewusste Selbstschädigung. Bei Erreichung des sozialen Zwecks wird der eigentlich eingetretene Schaden aber kompensiert. (Fazit: recht fruchtloser Streit)

Liegt jedoch gar keine „Spende" vor, weil zum regulären Preis gekauft wird, stellt die Vorstellung, einen sozialen Zweck zu fördern, einen bloßen Motivirrtum dar, welcher keinen Schaden begründet. Ebenso kein Schaden beim „Spenderlisten-Fall", da reiner Motivirrtum, wenn mehr Geld gespendet wird, um den angeblich spendablen Nachbarn zu übertrumpfen.

ⓟ Schadensgleiche Vermögensgefährdung/Gefährdungsschaden

Regel: Schaden oder Vermögensnachteil im Rahmen des Betrugs- und Untreuetatbestands sind grundsätzlich nach **wirtschaftlichen Maßstäben** zu bestimmen und deren Höhe konkret zu beziffern. Normative Gesichtspunkte können bei der Schadensbestimmung berücksichtigt werden, sie dürfen wirtschaftliche Überlegungen aber nicht überlagern oder verdrängen.

Generell liegt in den Fällen der **Täuschung über die Bonität** ein Schaden (nicht bloßer Gefährdungsschaden) vor, weil eine Forderung gegen einen nicht solventen Schuldner einen geringeren wirtschaftlichen Wert hat als eine Forderung gegen einen solventen Schuldner.

Kontoeröffnungsbetrug: Gefährdungsschaden, wenn sich der Täter unter falschen Bonitätsangaben eine **Girocard erschleicht** und diese plant, im PIN-Verfahren (POS-System) einzusetzen. Grund: Im PIN-Verfahren erteilt der Kartenaussteller gegenüber dem Leistungserbringer eine Einlösungsgarantie (abstraktes Schuldversprechen). Durch die Überlassung von Girocard und PIN hat der Täter nunmehr die Möglichkeit, diese Garantie auszulösen. Gleiches, wenn der Täter unter falschen Bonitätsangaben eine **Kreditkarte erschleicht**.
Bei einer bloßen **Kundenkarte (2-Personen-Verhältnis)** liegt hingegen **kein** Gefährdungsschaden vor, da die Karte nur beim Ausgebenden eingesetzt werden kann, der insoweit die Kontrolle über Umfang und Häufigkeit des Einsatzes behält.

ⓟ Persönlicher/individueller/subjektiver Schadenseinschlag

Nach **Gesamtsaldierung eigentlich kein Schaden.** Dennoch liegt ein **persönlicher Schadenseinschlag** vor,

- bei **individuell unbrauchbarer Leistung** (hier ist Voraussetzung, dass eine bestimmte Art der Nutzbarkeit zugesichert wurde),
  [Fall: Kauf einer Software, deren Kompatibilität mit der vorhandenen Hardware zugesichert wurde, aber nicht gegeben ist.]
- bei Beeinträchtigung der wirtschaftlichen Dispositionsfreiheit.
  [Fall: Gewährung eines an sich marktgerechten Darlehens, wobei die monatlichen Raten aber den Darlehensnehmer wirtschaftlich überfordern.]

Gutachten: Zuerst Gesamtsaldierung machen und feststellen, dass die Gegenleistung an sich ein Äquivalent darstellt. Dann Problemaufriss, dass die Leistung aber z.B. individuell unbrauchbar sein könnte.

Ein Schaden in Höhe des vollen Betrags der Vermögensminderung liegt jedoch nur vor, sofern die Gegenleistung zum einen aus der Sicht eines objektiven Dritten für den Getäuschten unbrauchbar und zugleich der **Wiederverkauf** ausgeschlossen ist.

Die Rechtsfigur des individuellen Schadenseinschlags gilt auch bei **§§ 253, 255**. *[Fall: Die Angeklagten hatten das Opfer durch Drohung mit gegenwärtiger Gefahr für Leib und Leben dazu gezwungen, ihnen Wein abzukaufen. Sofern nach obigen Ausführungen ein Schaden ausscheidet, kommt nur § 240 in Betracht (BGH, 2 StR 186/15, RA 2015, 674).]*

ⓟ (modifizierte) Makeltheorie

[Fall: T verkauft und übereignet dem gutgläubigen O eine durch einen Betrug erlangte Sache.]
BGH bisher: Schadensgleiche Vermögensgefährdung beim nur gutgläubigem Erwerb, wenn

- Gefahr der Strafverfolgung wg. Hehlerei,
- Gefahr des Ansehensverlustes in Umwelt, oder
- Gefahr eines Herausgabeprozesses.

In dieser Allgemeinheit nunmehr aufgegeben, da der im Prozessrisiko liegende Schaden bezifferbar sein müsse (BGH, 3 StR 115/11). Das Prozessrisiko, nach gutgläubigem Erwerb einer Sache von dem vorherigen Eigentümer auf Herausgabe verklagt zu werden, führt regelmäßig nicht zur vollständigen Entwertung der Eigentümerposition. Nur **ausnahmsweise – bei völliger Wertlosigkeit** der erworbenen Position – kann der Schaden die Höhe des gesamten Kaufpreises erreichen (BGH, 3 StR 105/16, RA 2016, 609).
[Fall: Es wird ein KFZ übereignet, das dem Eigentümer auf der Basis einer GPS-Ortung und unter Zuhilfenahme polnischer Polizeibehörden umgehend wieder entzogen werden soll und das Eigentum nur auf der Basis vorgelegter gefälschter Fahrzeugpapiere übertragen wurde (BGH, 1 StR 337/14, kritisch Brüning, ZJS 2015, 535, 538).]

Demgegenüber ist die Makeltheorie nach h.L. generell abzulehnen, da nach BGB vollwertiges Eigentum erworben wurde (Arg. 1: Einheit der Rechtsordnung; Arg. 2: Zivilrechtsakzessorietät des Strafrechts), also kein Schaden vorliegt.

Gutachten: Nach Ablehnung des Vermögensschadens meist Folgeproblem: Im Rahmen des § 246 die wiederholte Zueignung mit dem Sonderfall der Schadensvertiefung.

BETRUG, § 263 – SUBJEKTIVER TATBESTAND

SCHEMA MIT DEFINITIONEN UND PROBLEMÜBERSICHT

I. Tatbestand

  1. Täuschung über Tatsachen

  2. Täuschungsbedingter Irrtum

  3. Irrtumsbedingte Vermögensverfügung

  4. Verfügungsbedingter Vermögensschaden

  5. Vorsatz bzgl. 1. bis 4.

  6. Absicht rechtswidriger und stoffgleicher Bereicherung

    a) Bereicherungsabsicht

> **DEFINITION**
> **Bereicherungsabsicht**
> Vermögensvorteil ist jede günstigere Gestaltung der Vermögenslage.

    ℗ Vergleich Bereicherungsabsicht mit Zueignungsabsicht

    b) Stoffgleichheit der beabsichtigten Bereicherung

> **DEFINITION**
> **Stoffgleichheit** der beabsichtigten Bereicherung ist gegeben, wenn diese die Kehrseite des Vermögensschadens beim Opfer darstellt, was der Fall ist, wenn Vorteil und Schaden auf derselben Verfügung beruhen und der Vorteil zu Lasten des geschädigten Vermögens geht.

    ℗ Inhalt des Merkmals Stoffgleichheit

    c) Rechtswidrigkeit der beabsichtigten Bereicherung

> **DEFINITION**
> **Rechtswidrig** ist die vom Täter beabsichtigte Bereicherung dann, wenn sie im Widerspruch zur materiellen Rechtsordnung steht, d.h. wenn der Täter – oder bei einer Drittbereicherungsabsicht der Dritte – keinen fälligen, durchsetzbaren Anspruch auf die Bereicherung hat.

    ℗ Inhalt des Merkmals der Rechtswidrigkeit

    d) Vorsatz bzgl. b) und c)

II. Rechtswidrigkeit

III. Schuld

IV. Besonders schwerer Fall, § 263 III

DIE PROBLEME – LÖSUNGSANSÄTZE

ⓟ Vergleich Bereicherungsabsicht mit Zueignungsabsicht

Nötig ist Absicht (d.d. 1. Grades).

Bereicherungsabsicht ist weniger als Zueignungsabsicht, vgl. z.B. den Fall der Gebrauchs-anmaßung.

ⓟ Inhalt des Merkmals Stoffgleichheit

§ 263 ist Vermögensverschiebungsdelikt. Also muss der Nachteil des Geschädigten aufgrund der gleichen Verfügung zum Vorteil beim Bereicherten führen sollen. Vorteil und Nachteil müssen „Kehrseite der gleichen Medaille" sein.

ⓟ Provisionsvertreter-Fall

Kein § 263 ggü. und zum Nachteil des Kunden zum Vorteil des Provisionsvertreters, weil der Vertreter seine Provision nicht direkt vom Kunden erhält, also die **Stoffgleichheit** fehlt.
Aber drittbegünstigender Betrug, da Vertreter die Bereicherung der vertretenen Firma erstrebt, weil er sonst seine Provision nicht erlangt („notwendiges Zwischenziel"). Ist die Firma seriös, weiterer § 263 bei Geltendmachung des Provisionsanspruchs.

ⓟ Inhalt des Merkmals der Rechtswidrigkeit

In diesen Fällen ist i.d.R. schon der Schaden fraglich und i.d.R. nur nach dem wirtschaftlichen Vermögensbegriff zu bejahen, nach dem juristisch-ökonomischen Vermögensbegriff i.d.R. zu verneinen.

[Das ist ein weiteres Argument für den rein wirtschaftlichen Vermögensbegriff, da anderenfalls das gesetzliche Merkmal der Rechtswidrigkeit des erstrebten Vorteils weitgehend überflüssig wäre.]

COMPUTERBETRUG, § 263a

SCHEMA MIT DEFINITIONEN

I. Tatbestand

1. Tathandlung

DEFINITION

Daten i.S.v. § 263a I sind kodierte Informationen in einer im Wege automatisierter Verarbeitung nutzbaren Darstellungsform.

a) Unrichtige Gestaltung des Programms, § 263a I 1. Fall

DEFINITION

Das **unrichtige Gestalten eines Programms** setzt das Neuschreiben, Verändern oder Löschen ganzer Programme oder jedenfalls von Programmteilen voraus.

Gleichfalls verwirklicht ist die 1. Var., wenn das Programm auf „Täuschung hin programmiert" ist.

b) Verwendung unrichtiger oder unvollständiger Daten, § 263a I 2. Fall

(umfasst Fälle sog. Inputmanipulationen):

Unrichtig sind die Daten, wenn der durch sie vermittelte Informationsgehalt keine Entsprechung in der Wirklichkeit hat, unvollständig sind sie, wenn sie den zugrundeliegenden Lebenssachverhalt nicht ausreichend erkennen lassen. Verwendet sind die Daten, wenn sie in Datenverarbeitungsgerät eingebracht werden.

c) Unbefugte Verwendung von Daten, § 263a I 3. Fall

DEFINITION

Unbefugt ist eine Datenverwendung, wenn sie Täuschungscharakter hat (h.M.), d.h. wenn ein entsprechendes Verhalten des Täters gegenüber einem Menschen eine Täuschung i.S.v. § 263 I darstellen würde.

d) Sonstige unbefugte Einwirkung auf den Ablauf, § 263a I 4. Fall

DEFINITION

Die **Einwirkung auf den Ablauf** i.S.v. § 263a I **4. Fall** erfasst Verhaltensweisen, die nicht unter § 263a I 1.-3. Fall fallen, also insb. Einwirkungen auf ein Ausgabemedium (*Outputmanipulation*), auf die maschinentechnische Ausstattung des Computers (*Hardwaremanipulation*) oder den Datenverarbeitungsvorgang oder den Ablauf des Programms (*Konsolmanipulation*).

2. Beeinflussung des Ergebnisses eines Datenverarbeitungsvorgangs

Sog. „Computerverfügung": Aufgrund der Struktur- und Wertgleichheit des Computerbetrugs mit dem allgemeinen Betrugstatbestand ist zur Verwirklichung des Tatbestandes des § 263a erforderlich, dass der in tatbestandsmäßiger Weise beeinflusste, vermögensrelevante Datenverarbeitungsvorgang **unmittelbar vermögensmindernd** wirkt. Die Vermögensminderung muss also ohne weitere Zwischenhandlung des Täters, des Opfers oder eines Dritten durch den Datenverarbeitungsvorgang selbst eintreten. Daran **fehlt** es, wenn durch die Manipulation der Datenverarbeitung **nur die Voraussetzungen** für eine vermögensmindernde Straftat **geschaffen werden**, z. B. beim Ausschalten oder Überwinden elektronischer Schlösser.

3. Vermögensschaden

4. Kausalität

5. Vorsatz bzgl. 1. - 4.

6. Absicht rechtswidriger und stoffgleicher Bereicherung (wie § 263)

II. Rechtswidrigkeit

III. Schuld

IV. Besonders schwerer Fall, §§ 263a II i.V.m. 263 III

SCHEMA MIT PROBLEMÜBERSICHT

I. Tatbestand

1. Tathandlung

a) **Unrichtige Gestaltung des Programms, § 263a I 1. Fall**

b) **Verwendung unrichtiger oder unvollständiger Daten, § 263a I 2. Fall**
   ❷ Anwendungsfälle

c) **Unbefugte Verwendung von Daten, § 263a I 3. Fall**
   ❷ Girocard-Fälle
   ❷ Tankkarten-Fälle

d) **Sonstige unbefugte Einwirkung auf den Ablauf, § 263a I 4. Fall**
   ❷ Leerspielen von Glückspielautomaten

2. Beeinflussung des Ergebnisses eines Datenverarbeitungsvorgangs

3. Vermögensschaden

4. Kausalität

5. Vorsatz bzgl. 1. - 4.

6. Absicht rechtswidriger und stoffgleicher Bereicherung (wie § 263)

II. Rechtswidrigkeit

III. Schuld

IV. Besonders schwerer Fall, §§ 263a II i.V.m. 263 III

DIE PROBLEME – LÖSUNGSANSÄTZE

Ⓟ Anwendungsfälle § 263a I 2. Fall

[Fall: Geltendmachung einer tatsächlich nicht bestehenden Forderung im Mahnverfahren (BGH, 4 StR 292/13, RA 2014, 156).]
Parallel zu den obigen Ausführungen zu § 263 bejaht der BGH die „Täuschungs-Äquivalenz". Dies erscheint aus o.g. Gründen bedenklich. Die Entscheidung des BGH ist jedoch wohl dessen Interesse an der Schließung von Strafbarkeitslücken geschuldet.

[Fall: T fälscht einen Überweisungsträger wodurch im automatisierten Verfahren Geld vom Konto des Opfers auf ein anderes Konto überwiesen wird (BGH, 3 StR 178/13, RA 2014, 437)].
Unrichtige Daten (+), da dargestellter Lebenssachverhalt unzutreffend wiedergegeben wird, da Opfer von Überweisung nichts wusste.

Ⓟ Girocard-Fälle

[Fall: Nichtberechtigter, der mit eigenmächtig erlangter fremder Girocard und PIN Geld abhebt oder einkauft.]
Dieser „täuscht" konkludent durch die Verwendung der fremden PIN vor, der berechtigte Karteninhaber zu sein.

[Fall: Fremde (eigenmächtig erlangte) Kreditkarten-Daten werden im Internet für einen Einkauf verwendet.]
Auch hier liegt eine konkludente „Täuschung" über die Stellung als berechtigter Karteninhaber vor.

[Fall: Der Abhebende erhält von dem berechtigten Girocard-Inhaber die Girocard und PIN-Nummer.]
Kein Computerbetrug durch Geldabheben auch wenn er im Innenverhältnis dem berechtigten Karteninhaber gegenüber zur Abhebung nicht berechtigt ist (zweifelnd BGH, 4 StR 464/16, für den Fall, dass nach dem Bankkartenvertrag eine Bevollmächtigung Dritter ausnahmslos ausgeschlossen ist). Gelangt er unter Täuschung des Berechtigten in den Besitz von Girocard und PIN-Nummer, kommt allerdings eine Strafbarkeit wegen Betrugs in Betracht. (BGH, 2 StR 15/15, 16/15, RA 2015, 617 = JA 2016, 151)

Nach dieser Rspr. wird § 263a I 3. Var. hingegen **bejaht**, wenn dem Opfer die PIN **abgepresst** wurde (insoweit kritisch Jäger, JA 2016, 151, 153, da der Täter durch Betätigung des Automaten in beiden Fällen ein weiteres Mal seine Bereitschaft zur Betätigung seines deliktischen Willens zeige, um an das Geld des Opfers zu gelangen).

Ⓟ Tankkarten-Fälle

[Fall: Arbeitnehmer nutzt Tankkarte für Privatfahrten, obwohl Arbeitgeber dies untersagt hat.]
Die **nur im Innenverhältnis abredewidrig** erfolgte Benutzung einer im Außenverhältnis wirksam überlassenen Codekarte stellt **keine** täuschungsgleiche Handlung dar. Die abredewidrige Benutzung entspricht dem Missbrauch einer im Außenverhältnis wirksamen Bankvollmacht, weshalb es an der erforderlichen Täuschungsgleichheit regelmäßig fehlt. Das Computerprogramm überprüft nicht – ebenso wenig, wie dies eine natürliche Person tun könnte –, ob die im Außenverhältnis wirksame Berechtigung zur Nutzung der Karte, die aus dem Besitz der Karte und

Kenntnis der PIN folgt, im Innenverhältnis durch etwaige Absprachen eingeschränkt ist.

→ Kein Computerbetrug im Tankkarten-Fall. (OLG Koblenz, 2 OLG 3 Ss 170/14, RA 2015, 223) *[unbedingt lesen!]*

Der unbefugte Einsatz einer fremden, durch verbotene Eigenmacht erlangten Tankkarte an einer automatisierten Tankstation erfüllt den Tatbestand des § 263a (OLG Celle, 2 Ss 113/16, RA 2017, 213).

❷ Leerspielen von Glückspielautomaten

[Fall: Täter späht Daten aus und „weiß" deshalb, wann bei einem Glücksspiel-Automaten eine Gewinnphase ansteht. Dadurch spielt er den Automaten leer.]

Der Einsatz überlegenen Sonderwissens ist nur dann strafbar, wenn den Spieler insoweit eine (gedachte) Offenbarungspflicht träfe (vor allem, wenn **das von ihm eingesetzte überlegene Wissen** nicht aus allgemein zugänglichen Informationsquellen stammt).

Dem stellt das OLG Braunschweig, Ss 64/07, das Ausnutzen eines Defekts einer vollautomatischen Selbstbedienungstankstelle zum kostenlosen Tanken mittels einer Bankkarte gleich. Hier wusste der Täter, dass bei jedem Tankvorgang über 70 € der Abbuchungsprozess nicht funktioniert.

KREDITKARTENMISSBRAUCH, § 266b

SCHEMA MIT DEFINITIONEN UND PROBLEMÜBERSICHT

I. **Tatbestand**

   1. **Tauglicher Täter**
       🅟 Wer ist Täter des § 266b?

   2. **Scheck- oder Kreditkarte**
       🅟 Ist eine „Girocard" eine „Kreditkarte"?

   3. **Missbrauch der dem Täter durch Überlassung der Karte eingeräumten Möglichkeit, den Aussteller zu einer Zahlung zu veranlassen**

       DEFINITION
       Missbrauch: Ausnutzen des rechtlichen Könnens im Außenverhältnis unter Überschreitung des rechtlichen Dürfens im Innenverhältnis.

   4. **Vermögensschaden**

   5. **Kausalität 3., 4.**

   6. **Vorsatz**

II. **Rechtswidrigkeit**

III. **Schuld**

DIE PROBLEME – LÖSUNGSANSÄTZE

🅟 Wer ist Täter des § 266b?

Sonderdelikt für berechtigten Karteninhaber (Folge: Nach h.M. gilt für den Teilnehmer § 28 I.) Berechtigter Karteninhaber ist auch derjenige, der die Karte durch falsche Angaben, also eine Täuschung des Ausstellers, z.B. über seine Identität (Nutzung der Personalien eines Dritten) oder seine Vermögensverhältnisse, von diesem erlangt (die Erschleichung der Karte kann aber ein Betrug [Gefährdungsschaden] sein). Täter des Missbrauchs einer Kreditkarte kann aber nicht derjenige sein, dem der berechtigte Karteninhaber die Karte zu dessen eigener Nutzung überlassen hat und der sie sodann missbraucht.

🅟 Ist eine „Girocard" eine „Kreditkarte"?

Das Unrecht besteht darin, dass der Täter gerade eine besondere Garantiezusage des Kartenherausgebers ausnutzt, um diesen zu einer Zahlung zu veranlassen.

Nach älterem BGH-Urteil (NJW 2002, 905) zu bejahen, da es bei der Verwendung der PIN im 3-Personen-Verhältnis (Achtung: Nicht im 2-Personen-Verhältnis beim Geldautomaten der Hausbank!) auch zu einer Zahlungsgarantie komme. Insoweit sei die Situation mit derjenigen einer Kreditkarte vergleichbar.

Anders die h.L.: Schon vom Wortlaut sei die Girocard („electronic cash") nicht von § 266b erfasst. Auch gebe es relevante Funktionsunterschiede. So könne z.B. bei einer Girocard die Zahlungsgarantie nie durch die bloße Vorlage der Karte und Leistung einer Unterschrift ausgelöst werden. Gerade dies ist aber der typische Fall bei Kredit- und Scheckkarten.

NÖTIGUNG, § 240

SCHEMA MIT DEFINITIONEN

I. Tatbestand

1. Nötigungsmittel

a) Gewalt

DEFINITION

Gewalt ist der körperlich wirkende Zwang zur Überwindung eines geleisteten oder erwarteten Widerstandes.

b) Drohung mit einem empfindlichen Übel

DEFINITION

Drohung ist das Inaussichtstellen eines zukünftigen Übels, auf dessen Eintritt der Täter Einfluss hat oder zu haben vorgibt.

Empfindlich ist das angedrohte Übel dann, wenn es so erheblich ist, dass seine Ankündigung geeignet ist, einen besonnenen Menschen zu dem vom Täter begehrten Verhalten zu bestimmen.

2. Opferreaktion

3. Kausalität 1., 2.

4. Vorsatz bzgl. 1. bis 3.

II. Rechtswidrigkeit

1. Keine Rechtfertigung

2. Verwerflichkeit gem. § 240 II

Das Urteil der **Verwerflichkeit** bezieht sich weder isoliert auf das angewandte Nötigungsmittel noch auf den vom Täter angestrebten Zweck, sondern auf ihr Verhältnis zueinander (sog Mittel-Zweck-Relation). Das Urteil der Verwerflichkeit bestimmt sich im Wege einer Gesamtwürdigung (**„sozial unerträglich"**).

III. Schuld

SCHEMA MIT PROBLEMÜBERSICHT

I. Tatbestand

1. Nötigungsmittel
- **P** Gewaltbegriff
- **P** Drohung mit Unterlassen
- **P** Drohung mit rechtmäßigem Verhalten
- **P** anwaltliche Mahnschreiben

2. Opferreaktion

3. Kausalität 1., 2.

4. Vorsatz bzgl. 1. bis 3.

II. Rechtswidrigkeit

1. Keine Rechtfertigung

2. Verwerflichkeit gem. § 240 II

III. Schuld

DIE PROBLEME – LÖSUNGSANSÄTZE

Ⓟ Gewaltbegriff

Sitzblockaden: Die Fahrer in der „1. Reihe" sind nur „psychisch" an der Weiterfahrt gehindert, was für „Gewalt" nicht genügt. Allerdings sind diese durch Notstand, § 34, gerechtfertigte Werkzeuge einer Gewaltnötigung in mittelbarer Täterschaft an den Auto-Fahrern ab der „2. Reihe".

„Klimakleber": Durch das Festkleben schon Gewalt ggü. Fahrern der 1. Reihe.

Zwar ist bei der Prüfung der **Verwerflichkeit** gem. § 240 II dem Grundrecht auf **Versammlungsfreiheit** (Art. 8 I GG) besonders Rechnung zu tragen; jedoch spielen „Fernziele" keine Rolle, um einer politisierenden Justiz, die zwischen „guten" und „schlechten" Zielen unterscheidet, vorzubeugen.

Drängeln im Verkehr stellt nach der Rspr. Gewalt dar, wenn es geeignet ist, einen besonnenen Fahrer in Sorge und Furcht zu versetzen, und von ihm als körperlicher (nicht bloß seelischer Zwang) empfunden wird. Nach wohl h.L. liegt hier nur eine Drohung vor. Gleiches Ⓟ bei **Bedrohung** (sic!) mit einer **Waffe**. Nach BGH soll dies Gewalt sein.

Gutachten: Im Rahmen der Gewaltdefinition die Frage aufwerfen, ob die körperlichen Auswirkungen von Angst und Stress als „körperlich wirkender Zwang" ausreichen. Dagegen spricht, dass dann die Drohungsvariante keine eigenständige Bedeutung mehr hat.

Ⓟ Drohung mit Unterlassen

Nach h.M. auch möglich, wenn es keine Pflicht zur Vornahme der Handlung gibt. Maßgeblich ist alleine, *womit* gedroht wird und nicht *wie* gedroht wird.

Ⓟ Drohung mit rechtmäßigem Verhalten

Strafbar, wenn „sachwidrige" Verknüpfung. Z.B.: Straftäter wird aufgefordert, sich innerhalb einer Woche selbst der Polizei zu stellen, weil

a) der Täter ihn sonst selbst zur Anzeige bringen werde. (straflos)

b) der Täter ihn sonst zusammenschlagen werde. (§ 240)

Ⓟ anwaltliche Mahnschreiben

Es kann eine tatbestandliche Drohung gegeben sein, sofern der Anwalt für den Fall des Ausbleibens der Zahlung mit einer Strafanzeige droht. Auch die gem. § 240 II StGB erforderliche Verwerflichkeit kann vorliegen, zumindest dann, wenn es dem Anwalt gleichgültig ist, ob die geltend gemachte Forderung tatsächlich besteht. Sofern der Abmahnanwalt davon ausgeht, dass der angemahnte Zahlungsanspruch nicht besteht, kommt **§ 253** in Betracht.

RAUB, § 249

SCHEMA MIT DEFINITIONEN UND PROBLEMÜBERSICHT:

I. Tatbestand

1. Raubmittel

a) Gewalt gegen eine Person
  ℗ Gewalt durch Unterlassen

b) Drohung mit gegenwärtiger Gefahr für Leib oder Leben

2. Fremde bewegliche Sache

3. Wegnahme
  ℗ Abgrenzung zu § 255 – Grundlagen
  ℗ Abgrenzung zu § 255 – Versteckpreisgabe

4. Vorsatz bzgl. 1. bis 3.

5. Finalzusammenhang
  [a) Subjektive Finalität zwischen qualifizierter Nötigung und Wegnahme]

> **DEFINITION**
>
> Die *Gewalt oder die Drohung* müssen *Mittel zur Ermöglichung der Wegnahme* sein, nicht nur bloße Begleiterscheinungen (nicht bloß „bei Gelegenheit"). Es muss auch kein Kausalzusammenhang zwischen dem Einsatz der Nötigungsmittel und der Wegnahme bestehen. Es reicht aus, wenn aus der Sicht des Täters eine *finale Verknüpfung zwischen Nötigung und Wegnahme* dergestalt besteht, dass der Gewahrsamsbruch durch Ausschaltung eines geleisteten oder erwarteten Widerstands ermöglicht oder zumindest erleichtert werden soll.

  ℗ Fallgruppen zum Finalzusammenhang

  [b) Raubspezifische Einheit (zeitlich-örtlicher Zusammenhang)]

  ℗ Anforderungen an die raubspezifische Einheit

> **DEFINITION**
>
> Weiterhin müssen die den Raub konstituierenden Elemente der Nötigungshandlung und der Wegnahme eine **raubspezifische Einheit** bilden und in einem **zeitlichen und örtlichen Zusammenhang** stehen. Sie dürfen nicht isoliert nebeneinanderstehen, sondern müssen das **typische Tatbild eines Raubes** ergeben.

6. Absicht rechtswidriger Zueignung

a) Zueignungsabsicht

b) Rechtswidrigkeit der beabsichtigten Zueignung

c) Vorsatz bzgl. b)

II. Rechtswidrigkeit

III. Schuld

DIE PROBLEME – LÖSUNGSANSÄTZE

ⓟ Gewalt durch Unterlassen

[Fall: Täter fesselt Opfer, um es ihm nach einem Streit „zu zeigen" in dessen Wohnung. Erst danach überlegt er sich, dem Gefesselten noch 100 € abzunehmen.]

BGH: Durch das Aufrechterhalten des rechtswidrigen Zustands, den der Täter zurechenbar bewirkt hat, setzt sich – **anders** als etwa beim **Niederschlagen des Opfers** – die Gewalthandlung fort, sie ist erst beendet mit dem Aufschließen oder dem Lösen der Fesselung.

Kritik: Raub setzt eine Gewalttätigkeit voraus. Die Begehung durch ein Unterlassen entspricht dem nicht i.S.d. § 13 I.

ⓟ Abgrenzung zu § 255 – Grundlagen

h.L. (Exklusivitätstheorie): § 253 ist strukturgleich zu § 263, da das Opfer zur „Herausgabe" gebracht wird. Folge: § 253 verlangt eine Vermögensverfügung. Folge § 253 (Verfügung) und § 249 (Wegnahme) sind streng alternativ.

Abgrenzung: innere Willensrichtung: Notwendigkeit der Mitwirkung des Opfers: wenn ja, liegt Verfügung, also § 253 vor, ansonsten Wegnahme und damit § 249.

BGH (Spezialitätstheorie): § 253 ist strukturgleich zu § 240 (Wortlaut!). Folge: § 249 ist spezieller Fall des § 253 (Duldung der Wegnahme). Folge: Abgrenzung nach äußerem Erscheinungsbild des Gebens (dann §§ 253, 255) oder Nehmens (dann § 249).

Wahlfeststellung: Da Raub der Spezialfall zu § 255 ist, kann es nach BGH zwischen diesen Delikten keine Wahlfeststellung geben! (Nach h.L. hingegen schon!) Vielmehr ist nach BGH eindeutig aus dem Generaldelikt § 255 zu verurteilen.

Problemfälle:

[Fall: T nimmt O eine Sache mit Gewalt weg, um diese zu benutzen und nach Gebrauch wieder zurück zu geben.]

§ 249: Zwar Wegnahme, aber mangels Zueignungsabsicht (-).

h.L. (Exklusivitätstheorie): Wegen gegebener Wegnahme kann bei §§ 253, 255 keine Verfügung mehr vorliegen, also auch §§ 253, 255 (-).

BGH (Spezialitätstheorie): Die Wegnahme ist i.S.v. § 253 eine Duldung der Wegnahme. Da T auch mit Bereicherungsabsicht handelt (ersparte Aufwendungen), liegen §§ 253, 255 vor.

[Fall: T hält O eine Pistole vor und lässt sich eine Sache geben, die er sich auch selbst hätte nehmen können.]

h.L. (Exklusivitätstheorie): Der Mitwirkungsakt des O ist nicht notwendig, weshalb keine Verfügung vorliegt, also §§ 253, 255 (-). Vielmehr § 249 (+).

BGH (Spezialitätstheorie): Die Herausgabe ist eine Handlung des Opfers (und keine Duldung der Wegnahme), folglich liegen §§ 253, 255 vor.

ⓟ Abgrenzung zu § 255 – Versteckpreisgabe

[Fall: Täter zwingt das Opfer preiszugeben, wo der Schmuck versteckt ist. Nach Erlangung der Information räumt der Täter das Versteck selbst aus.]

Zur Abgrenzung der §§ 249/255 wollen einige auf die **Preisgabe** an sich abstellen, weil nunmehr die entscheidende Hürde überwunden sei und der Täter erst durch die Preisgabe in der Lage sei, eigenständig auf das Versteck zuzugreifen. Diese notwendige Mitwirkungshandlung des Opfers sei als Handlung mit Verfügungscharakter zu werten, weshalb **§ 255** eingreife.

Andere (auch BGH): Durch die erzwungene Preisgabe des Verstecks konnte für sich genommen noch kein Vermögensnachteil bewirkt werden. Also **§ 249** erst bei **Zugriff** auf das Versteck. [Weiteres Argument für den BGH: Rücktrittsmöglichkeit bleibt erhalten.] *Nicht vergessen: Erpresserischer Menschenraub, § 239a, liegt u.U. ebenfalls vor.*

Gutachten: Maßgeblich ist die Entscheidung, ob auf die Preisgabe oder auf den Zugriff abgestellt wird.

Achtung: Etwas anders ist der Fall gelagert, wenn der **Täter das Opfer zwingt, den Tresor mit einem Schlüssel zu öffnen**, den das Opfer bei sich führt, und der Täter dann selbst den Tresor leer räumt. Sofern der Täter weiß, dass das Opfer den Schlüssel mitführt, stellt auch nach der o.g. Lit.-Ansicht das Öffnen des Tresors keine notwendige Mitwirkungshandlung, also keine Verfügung, also keine Erpressung dar. Folglich ist dieser Fall eindeutig als Raub zu klassifizieren.

Nochmal anders stellt sich der Fall dar, wenn der Täter dem Opfer die **PIN abnötigt** und dann mit der Girocard und der PIN Geld am Automaten abhebt. In diesem Fall geht der BGH davon aus, dass doch schon auf die Preisgabe der PIN abzustellen sei und der Fall folglich als (räuberische) Erpressung gewertet werden müsse. Der Schaden liege in der jederzeitigen Zugriffsmöglichkeit auf das Konto (Gefährdungsschaden). Hintergrund: Der Zugriff auf das Geld am Geldautomaten ist nur § 263a I 3. Var. und damit kein Verbrechen.

ⓟ Fallgruppen zum Finalzusammenhang

(-), wenn der Täter erst Gewalt anwendet und sich danach zur Wegnahme entschließt, selbst wenn die Wirkungen der Gewalt noch andauern und der Täter dies ausnutzt.

(+), wenn die Gewaltanwendung zwar nicht mehr andauert, aber noch in der Weise als **konkludente Drohung** fortwirkt, dass sie als aktuelle Drohung erneuter Gewaltanwendung auf das Opfer einwirkt und der Täter diesen Umstand bewusst dazu ausnutzt, dem Opfer, das sich dagegen nicht mehr zu wehren wagt, die Beute wegzunehmen.

(+), wenn sich der Täter während einer Drohung zur Wegnahme entschließt (§ 53).

(+), wenn sich der Täter entschließt, der bereits gefesselten Person etwas zu entwenden.
   (Beachte: In diesem Fall kommt nur noch eine **Gewalt durch Unterlassen** in Betracht)

(-), wenn sich der Täter entschließt, einer bewusst- oder wehrlosen Person (z.B. nach einem Schlag) etwas zu entwenden (Unterschied zur Fesselung: die Fesseln wirken fort).

(-), wenn es im Rahmen eines sich länger hinziehenden Geschehens zu Gewalt oder Drohungen kommt, um das Opfer zu verletzen, bestrafen oder zu demütigen, und der Täter erst anschließend den Entschluss fasst, diesem eine Wegnahme abzunötigen. Das bloße Ausnutzen der Angst des Opfers vor erneuter Gewaltanwendung ist für sich genommen noch keine Drohung. Es muss auch eine konkludente Drohung des Täters festgestellt werden können.

ⓟ Anforderungen an die raubspezifische Einheit

Die notwendige raubspezifische Einheit von qualifizierter Nötigung und Wegnahme liegt regelmäßig nur dann vor, wenn es zu einer – in der Vorstellung des Täters nachvollzogenen – **nötigungsbedingten Einschränkung der Dispositionsfreiheit des Gewahrsamsinhabers über das Tatobjekt** gekommen ist. Nicht gefordert für den raubspezifischen Zusammenhang ist, dass der Ort der Nötigungshandlung und der Wegnahmehandlung identisch sind oder ein bestimmtes Maß an zeitlicher oder örtlicher Differenz zwischen Nötigung und Wegnahme nicht überschritten werden darf. Es entscheiden jeweils die Umstände des Einzelfalls."

[Fälle: Wohl zu verneinen für den Fall, dass Täter zwischen Gewalt und Wegnahme duscht (BGH, 1 StR 398/15 = RA 2016, 381). Bejaht für den Fall, dass Täter das verletzte Opfer ins Krankenhaus begleitet und danach in die nunmehr „freie" Wohnung zum Zweck der Wegnahme zurückkehrt (5 StR 98/16 = RA 2016, 553).]

ERPRESSUNG, § 253

SCHEMA MIT PROBLEMÜBERSICHT

I. Tatbestand

1. Nötigungsmittel

a) Gewalt (wie § 240)

b) **Drohung mit einem empfindlichen Übel (wie § 240)**
   ℗ Erst Täuschung macht die Drohung glaubwürdig

2. Opferreaktion
   ℗ Ist Vermögensverfügung nötig?

3. Vermögensnachteil (wie § 263)
   ℗ Sicherungserpressung
   ℗ Dreieckserpressung

4. Kausalität 1., 2. und 2., 3.

5. Vorsatz bzgl. 1. bis 4.

6. Absicht rechtswidriger und stoffgleicher Bereicherung (wie § 263)

a) **Bereicherungsabsicht**

b) **Stoffgleichheit der beabsichtigten Bereicherung**

c) **Rechtswidrigkeit der beabsichtigten Bereicherung**

d) **Vorsatz bzgl. b) und c)**
   ℗ Irrtümer zur Rechtswidrigkeit der beabsichtigten Bereicherung

II. Rechtswidrigkeit

1. Keine Rechtfertigung

2. Verwerflichkeit gem. § 253 II (wie § 240 II)

III. Schuld

DIE PROBLEME – LÖSUNGSANSÄTZE

℗ Erst Täuschung macht die Drohung glaubwürdig

Wenn die Drohung erst durch eine Täuschung glaubwürdig wird, stellt die Täuschung nach BGH keinen eigenständigen Betrug dar, da dem Begriff der Drohung bereits eine Täuschungskomponente immanent ist („Einfluss zu haben vorgibt"). Anders Teile der Lit., um Strafbarkeitslücken zu schließen, wenn ausschließlich an der Täuschung teilgenommen wird.
[Fälle: Verwendung einer Scheinwaffe als Betrug, da Täuschung über die Echtheit der Waffe? „Trittbrettfahrer" bei einer Entführung gibt sich als der wahre Entführer aus und kassiert von den Angehörigen das Lösegeld.]

🅟 Ist eine Vermögensverfügung nötig?

Nach BGH genügt jede Handlung, Duldung oder Unterlassung des Opfers. Nach h.L. muss diese zusätzlich den Charakter der Vermögensverfügung haben. Hintergrund: Abgrenzung zu § 249. Näheres bei § 249.

🅟 Sicherungserpressung

Der für eine (räuberische) Erpressung erforderliche Vermögensnachteil muss Ergebnis einer das Opfer nötigenden Gewaltausübung oder Drohung durch den Täter sein. Daran fehlt es, wenn der Nachteil bereits durch eine vorher begangene Tat eingetreten ist und durch die Anwendung des (qualifizierten) Nötigungsmittels nur gesichert werden soll („**Sicherungserpressung**").
[Fall: Das Betrugsopfer O stellt den Betrüger B zur Rede und will seine Sache wieder. O bedroht B und zwingt ihn, „die Sache zu vergessen".]

🅟 Dreieckserpressung

Der Tatbestand der Erpressung ist nicht nur bei der erzwungenen Preisgabe eigenen Vermögens erfüllt, sondern auch bei einer solchen, die fremdes Vermögen betrifft. Genötigter und Geschädigter brauchen nicht identisch zu sein.
Nach der wohl h.L. ist hierfür (parallel zum Dreiecksbetrug) ein Näheverhältnis nach Lagertheorie notwendig.
Der BGH verlangt demgegenüber, dass der Genötigte das fremde Vermögen schützen kann und will (Näheverhältnis kraft potentieller Schutzbereitschaft).
Dieses liegt z.B. offensichtlich vor, wenn im Geschäftsbereich ein Angestellter zu einer Handlung, Duldung oder Unterlassung zum Nachteil des Vermögens seines Arbeitgebers genötigt wird.

Gutachten: Fehlt die Nähebeziehung, kommt ein Raub in mittelbarer Täterschaft in Betracht.

🅟 Irrtümer zur Rechtswidrigkeit der beabsichtigten Bereicherung

Stellt sich der Täter für die erstrebte Bereicherung eine in Wirklichkeit nicht bestehende Anspruchsgrundlage vor, so handelt er in einem Tatbestandsirrtum im Sinne des § 16 I 1.
Nicht jedoch, wenn sich der Erpresser bloß nach den Anschauungen der einschlägig kriminellen Kreise als berechtigter Inhaber eines Anspruchs gegen das Opfer fühlt. Entscheidend ist, ob er sich vorstellt, dass dieser Anspruch auch von der Rechtsordnung anerkannt wird und er seine Forderung demgemäß mit gerichtlicher Hilfe in einem Zivilprozess durchsetzen könnte.

Umgekehrt ist der Fall gelagert, wenn die vom Täter erstrebte Bereicherung rechtmäßig war, er aber glaubte, diese sei unrechtmäßig. Dies führt zur Abgrenzung von untauglichem Versuch und Wahndelikt (hierzu oben bei § 242 beim Zahngold-Fall).

RÄUBERISCHE ERPRESSUNG, §§ 253, 255

SCHEMA MIT DEFINITIONEN UND PROBLEMÜBERSICHT

I. Tatbestand

1. Qualifiziertes Nötigungsmittel

a) **Gewalt gegen eine Person**
   - ℗ Genötigter und Bedrohter sind nicht identisch

b) **Drohungen mit gegenwärtiger Gefahr für Leib oder Leben**

> **DEFINITION**
>
> Mit „gegenwärtiger" Gefahr für Leib oder Leben droht, wer eine Schädigung der genannten Rechtsgüter in Aussicht stellt, die bei ungestörter Weiterentwicklung der Dinge als sicher oder höchstwahrscheinlich zu erwarten ist, falls nicht alsbald eine Abwehrmaßnahme ergriffen wird.

2. Opferreaktion
   - ℗ Abgrenzung zu § 249 (hierzu beim Raub)

3. Vermögensnachteil (wie § 263)

4. Kausalität 1., 2. und 2., 3.

5. Vorsatz bzgl. 1. bis 4.
   - ℗ Finalzusammenhang

6. Absicht rechtswidriger und stoffgleicher Bereicherung

II. Rechtswidrigkeit

III. Schuld

DIE PROBLEME – LÖSUNGSANSÄTZE

℗ Genötigter und Bedrohter sind nicht identisch

Wenn die Gewalt einem Dritten angetan oder angedroht wird, liegt § 255 nur vor, wenn sich der Erpresste für den Dritten verantwortlich fühlen muss (z.B. Bankmitarbeiter für Kollegen oder Kunden).

Nach einer M.M. ist § 255 gar nur zu bejahen, wenn zwischen den Erpressten und dem bedrohten Dritten eine Beziehung i.S.d. § 35 („Sympathieperson") besteht. Abzulehnen, da dann der Fall der Geiselnahme eines Bankkunden, um die Kassiererin zur Herausgabe des Geldes zu zwingen, nur gem. § 253 und nicht gem. § 255 strafbar wäre.

℗ Finalzusammenhang

Auch bei der (räuberischen) Erpressung bedarf es - wie beim Raub - eines finalen Zusammenhangs, der dort zwischen dem Einsatz des Nötigungsmittels und dem erstrebten Vermögensvorteil bestehen muss (BGH, 3 StR 232/12).

Die Ausführungen beim Raub (s.o.) gelten entsprechend.

RÄUBERISCHER DIEBSTAHL, § 252

SCHEMA MIT DEFINITIONEN UND PROBLEMÜBERSICHT

I. Tatbestand

1. Taugliche Vortat
- 🅿 § 249 als „Diebstahl" i.S.v. § 252
- 🅿 Diebstahlsgehilfe als Täter des § 252

2. Auf frischer Tat betroffen

DEFINITION

„Auf frischer Tat" betroffen ist der Dieb dann, wenn er noch am *Tatort* oder in dessen *unmittelbarer Nähe* nach der Tatausführung wahrgenommen oder bemerkt wird.

- 🅿 Zeitpunkt zur Beurteilung der Tatfrische
- 🅿 Täter kommt dem Betroffenwerden zuvor
- 🅿 Anforderungen an die betroffene Person

3. Raubmittel (wie §§ 249, 255)

a) **Gewalt gegen eine Person**

b) **Drohung mit gegenwärtiger Gefahr für Leib oder Leben**

4. Vorsatz bzgl. 1. bis 3.

5. Besitzerhaltungsabsicht
- 🅿 Anforderungen an die Besitzerhaltungsabsicht

II. Rechtswidrigkeit

III. Schuld

DIE PROBLEME – LÖSUNGSANSÄTZE

🅿 § 249 als „Diebstahl" i.S.v. § 252

[Fall: Räuber R wendet auf der Flucht Gewalt zur Beutesicherung an.]

Im Grundsatz § 252, da in jedem § 249 ein § 242 steckt. Jedoch droht dann eine Doppelverwertung des bloß einen Diebstahls für zwei Verbrechen (Konkurrenzproblem). Nach BGH entspricht es dem „typischen Leitbild" des Räubers, dass derjenige, der bereits Gewalt zur Erlangung der Sache eingesetzt hat, weitere Gewalt einsetzt, um im Besitz der Sache zu bleiben. Folglich werden nach Vollendung des Raubes folgende Gewalthandlungen dem § 249 zugerechnet.

Die wohl h.L. ordnet demgegenüber nach Vollendung des § 249 erfolgende Gewalthandlungen dem § 252 zu.

Hintergrund des Streits ist primär die Frage nach der sukzessiven Verwirklichung einer Qualifikation (vgl. Näheres bei § 250).

ⓟ Diebstahlsgehilfe als Täter des § 252

Täter des § 252 kann grundsätzlich nur derjenige sein, der am Diebstahl **(mit-)täterschaftlich** beteiligt war. Ob darüber hinaus auch ein **Gehilfe des § 242**, der sich inzwischen selbst im **Besitz** der entwendeten Sache befindet und diese für sich selbst sichern will, als Täter des § 252 in Betracht kommt, ist streitig. Auch wenn dieser Fall wohl vom Wortlaut noch erfasst wäre, dürfte dagegen sprechen, dass § 252 – ebenso wie § 249 I – ein mehraktiges Delikt ist. Folglich kann hier – wie beim Raub – auch nur derjenige Täter sein, der bzgl. aller enthaltenen Akte die Voraussetzungen der Täterschaft erfüllt (Bosch, JURA 2018, 354, 362 f.).

ⓟ Zeitpunkt zur Beurteilung der Tatfrische

[Fall: Polizei observiert einen Diebstahl, stellt den Täter aber erst später, wogegen sich dieser mit Gewalt wehrt (BGH, 3 StR 112/15, RA 2015, 672).]
§ 242 muss nicht mehr „frisch" sein, wenn das qualifizierte Nötigungsmittel angewendet wird, sondern wenn der Täter betroffen, also wahrgenommen, wird.

ⓟ Täter kommt dem Betroffenwerden zuvor

Wer den Täter betrifft, ob das Opfer oder ein Dritter, ist unerheblich. Irrelevant ist auch, ob der Täter als Tatverdächtiger wahrgenommen wird oder nicht. Wenn der Täter dem Betroffenwerden z.B. durch schnelles Zuschlagen **zuvorkommt**, also gar nicht wahrgenommen wird, ist § 252 streitig. Nach BGH ist ein sinnliches Wahrnehmen nicht erforderlich, genügen soll jedes raumzeitliche Zusammentreffen. Dies ist rechtspolitisch richtig, im Hinblick auf den Wortlaut aber problematisch und muss der in Klausur sorgfältig begründet werden.

ⓟ Anforderungen an die betroffene Person

Täter des § 252 kann nicht derjenige sein, der weder selbst im Besitz der entwendeten Sache ist noch am Diebstahl mittäterschaftlich beteiligt war.
Fall (BGH, 3 StR 373/14, RA 2014, 661): F nimmt eine Sache weg. Als sie vom Eigentümer gestellt wird, schlägt der Dritte D zu Gunsten der F zu.]
Wenn und weil zwischen D und F keine Mittäterschaft vorliegt, scheidet § 252 aus.

ⓟ Anforderungen an die Besitzerhaltungsabsicht

Ist die Sicherung der Beute eine bloße „Begleiterscheinung der beabsichtigten Flucht des Diebes vor seiner Festnahme, liegt keine Besitzerhaltungsabsicht vor. Jedoch muss diese nicht das alleinige oder dominierende Motiv sein.

Der Wortlaut der Norm erfasst nur die Absicht, sich selbst im Besitz der Sache zu erhalten! Eine **Drittbesitzerhaltungsabsicht** ist gem. § 252 nicht strafbar und wird – wenn der Prüfling dies dennoch bejaht – als Verstoß gegen das Analogieverbot gewertet!

[Fall: BGH, 3 StR 373/14, RA 2014, 661: A stiftet T an, eine Sache wegzunehmen. Nach Begründung der Gewahrsamsenklave stellt sich der Eigentümer in den Weg. A schlägt zu, um T den Besitz zu erhalten.]
Das Gesetz kennt keine Absicht, einem **Dritten** den Besitz der Sache zu erhalten. § 252 scheidet aus.

QUALIFIKATION DES § 250

DIE PROBLEME – LÖSUNGSANSÄTZE

ⓟ Verwendung eines gefährlichen Werkzeugs
Der Begriff des gefährlichen Werkzeugs in § 250 II Nr. 1 ist identisch auszulegen wie in § 224 I Nr. 2. Maßgeblich ist nicht die tatsächlich eingetretene Verletzungsfolge, sondern die potentielle Gefährlichkeit der konkreten Benutzung des Werkzeugs.
Erfasst sind – wie bei § 224 Abs. 1 Nr. 2 – nur solche Gegenstände, die durch menschliche Einwirkung irgendwie gegen einen menschlichen Körper **in Bewegung gesetzt** werden können. Das Sprühen eines CS-Reizgassprays genügt insoweit.

Gutachten: Der Streit zur Auslegung des Begriffs des gefährlichen Werkzeugs (hierzu oben bei § 244) spielt hier keine Rolle, weil der Täter das Werkzeug ja konkret verwendet. Insoweit ist die vom Gesetzgeber intendierte Verweisung auf die Definition aus dem Bereich der KV-Delikte auch wieder passend.

Ein **gefährliches Werkzeug** i.S.d. § 250 II Nr. 1 wird nach der Rechtsprechung des BGH nicht nur dann **verwendet**, wenn der Täter ein generell gefährliches Tatmittel einsetzt, sondern auch, wenn sich die objektive Gefährlichkeit eines an sich ungefährlichen (neutralen) Gegenstandes erst aus seiner konkreten Verwendung ergibt, weil diese geeignet ist, erhebliche Verletzungen zuzufügen; **die Gefährlichkeit kann sich gerade daraus ergeben, dass ein Gegenstand bestimmungswidrig gebraucht wird** (z.B. Würgen mit einem Stromkabel).

Der **Begriff des Verwendens** umfasst jeden zweckgerichteten Gebrauch.
Bemerkt ein Geschädigter die Waffe oder das Werkzeug nicht, so wurde das Tatmittel bei der Tat ihm gegenüber nicht als Drohmittel „verwendet". In Betracht kommt dann eine Strafbarkeit wegen (einfachen) schweren Raubes gem. § 250 I Nr. 1a, der eine Kenntnis des Opfers von der Existenz des gefährlichen Werkzeugs nicht voraussetzt. Zusätzlich kommt in Verwendungsversuch in Betracht.

ⓟ sukzessive Verwirklichung eines Qualifikationstatbestandes/Wie ist das Merkmal „bei der Tat" auszulegen?
[Fall: Räuber R schießt auf der Flucht zur Beutesicherung und tötet das Opfer leichtfertig.]
Nach BGH können die Qualifikationen der §§ 250, 251 (beim einfachen § 242 aber auch § 244) auch noch nach der Vollendung des Grunddelikts verwirklicht werden. Nach Lit. kann in derartigen Fällen die Qualifikation nur bejaht werden, wenn in der Beendigungsphase ein neues Grunddelikt (§§ 249, **252**, 255) verwirklicht wird.

Hintergrund: An dieser Stelle kann die **Abgrenzung 249/255** entscheidende Bedeutung erlangen. **Nach BGH** ist eine sukzessive Qualifikation unabhängig vom Grunddelikt (§ 249 oder § 255) möglich. **Nach Lit.** ergibt sich hingegen, dass nur bei einem vorangegangenen Raub nach dessen Vollendung das weitere Verbrechen § 252 mit Qualifikation vorliegen kann. Wenn die Vortat hingegen § 255 ist, können nach Vollendung verwirklichte Qualifikationen

(§§ 250, 251) nicht über das Grunddelikt § 252 erfasst werden, da §§ 253/255 für § 252 keine taugliche Vortat sind (vgl. Wortlaut!). Die §§ 253, 255 liegen i.d.R. auch nicht „ein zweites Mal" vor, da die sog. „**Sicherungserpressung**" zu keinem weiteren Vermögensschaden führt, also bloß ein Fall des § 240 gegeben ist.

Zwischenzeitlich schränkte der BGH (2 StR 424/14, RA 2015, 389) **die Möglichkeit der sukzessiven Qualifikation ein:** Schwere Misshandlungen nach Vollendung einer Raubtat könnten den Qualifikationstatbestand des § 250 II Nr. 1 und Nr. 3a nur dann erfüllen, wenn sie **weiterhin von Zueignungs- oder Bereicherungsabsicht** getragen sind, insbesondere der **Beutesicherung** oder der Erlangung weiterer Beute dienten. *(Diese restriktive Auslegung fußte auf dem Rechtsgedanken des § 252, dass nach bereits erlangtem Vermögensvorteil ein „Vermögens-Verbrechen" nur begangen werden kann, wenn der Täter mit der Absicht handelt, die Beute zu behalten.)*

Inzwischen dehnt der BGH seine Rspr. jedoch wieder aus. In BGH, 4 StR 72/15 Rn 27, RA 2016, 213, 217, will es der BGH für die Verwirklichung der der konkreten Raubtat eigentümlichen besonderen Gefährlichkeit genügen lassen, wenn der Täter „zur Flucht oder Beutesicherung" handelt. In BGH, 2 StR 130/17, JuS 2017, 1030, genügt ihm, dass die Gewaltakte nur noch dazu dienten, das „Opfer zum Schweigen zu bringen und dadurch eine Entdeckung der Tat zu verhindern." In BGH, 4 StR 602/20, RA-Telegramm 2021, 32, genügt ihm schließlich die Wut über die geringe Beute.

Achtung: Damit werden „**Bestrafungs-Fälle**", in denen der Täter das Opfer nach Vollendung z.B. des Raubes zur Bestrafung für vorheriges „Fehlverhalten" misshandelt, **möglicherweise doch wieder von den §§ 250, 251 erfasst** (so früher schon BGH, NStZ 1992, 589). Anders wäre dies nach der zwischenzeitlichen restriktiven Rechtsprechung, wenn und weil es dem Täter in diesen Fällen an der Absicht der Beutesicherung fehlt (offen gelassen von BGH, 2 StR 17/10, Rn 9).

ERFOLGSQUALIFIKATION DES § 251

DIE PROBLEME – LÖSUNGSANSÄTZE

Ⓟ Bezugspunkt zum Grunddelikt

Wie alle Erfolgsqualifikationen verlangt auch § 251, dass nicht nur der Ursachenzusammenhang im Sinne der Bedingungstheorie gegeben ist, sondern sich im Tod des Opfers tatbestandsspezifische Risiken verwirklichen, die typischerweise mit dem Grundtatbestand einhergehen (ungeschriebenes Merkmal: Unmittelbarkeitszusammenhang).

Allgemein zu den Erfolgsqualifikationen oben im AT.

§ 251 knüpft an die **Tathandlung** (Gewalt oder Drohung) des Grunddelikts an. Jedoch kann § 251 auch dann gegeben sein, wenn der Täter die zum Tode führende Gewalt nicht mehr zur Ermöglichung der Wegnahme, sondern zur Flucht oder Beutesicherung anwendet, sofern sich in der schweren Folge noch die spezifische Gefahr des Raubes realisiert, und der Raub bzw. die räuberische Erpressung noch nicht beendet war (ausführlich zur sukzessiven Qualifikation oben bei § 250).

Aber: Kein § 251 wenn der Tod des Opfers durch die **Wegnahme** bewirkt wird. Arg.: Es gibt keinen „Diebstahl mit Todesfolge".

Ⓟ Leichtfertigkeit

> **DEFINITION**
> **Leichtfertig** handelt derjenige, der aus besonderer Gleichgültigkeit oder besonderem Leichtsinn die ihm mögliche Sorgfalt außer Acht lässt, wenn sich bei seinem Handeln der Todeseintritt geradezu aufdrängt.

„Wenigstens" leichtfertig stellt klar, dass die schwere Folge (erst recht) auch vorsätzlich herbeigeführt werden kann.

Die richtige Grundlage für das gesamte Studium

- BGB AT — Für die KLAUSUR: Wissen & Umsetzung
- Verwaltungsrecht AT — Für die KLAUSUR: Wissen & Umsetzung
- Strafrecht AT II — Für die KLAUSUR: Wissen & Umsetzung
- Strafrecht AT I — Für die KLAUSUR: Wissen & Umsetzung
- Verwaltungsprozessrecht — Für die KLAUSUR: Wissen & Umsetzung
- Strafrecht BT I — Für die KLAUSUR: Wissen & Umsetzung
- Arbeitsrecht — Für die KLAUSUR: Wissen & Umsetzung
- Schuldrecht AT — Für die KLAUSUR: Wissen & Umsetzung
- Grundrechte — Für die KLAUSUR: Wissen & Umsetzung

© tomertu - stock.adobe.com

Unsere INTENSIV-Reihe für Ihren Erfolg im Examen

✓ 2 in 1: Skript und Fallbuch in einem Band – lernen Sie von Anfang an klausurbezogen und nicht abstrakt

✓ Bauen Sie Ihr Wissen systematisch mit Hilfe von Grundfällen und vielen Beispielen auf

✓ Lernen Sie anhand vieler Formulierungsbeispiele, wie Sie im juristischen Gutachtenstil Ihre Klausur lösen

Zivilrecht
BGB AT
Schuldrecht AT
Arbeitsrecht

Strafrecht
Strafrecht AT I
Strafrecht AT II
Strafrecht BT I
Strafrecht BT II
Strafrecht BT III
Irrtumslehre
StPO: Beweisverbote an
ausgewählten Fällen erklärt

Öffentliches Recht
Grundrechte
Verwaltungsrecht AT
Verwaltungsprozessrecht

Alle Skripte sind in unserem Onlineshop versandkostenfrei erhältlich

verlag.jura-intensiv.de

JURA INTENSIV

Stand: April 2023

ERPRESSERISCHER MENSCHENRAUB/ GEISELNAHME, §§ 239a, 239b

SCHEMA MIT DEFINITIONEN UND PROBLEMÜBERSICHT

I. **Tatbestand**
   - **℗** Restriktive Auslegung im 2-Personen-Verhältnis
   - **℗** Abnötigung künftigen Verhaltens

1. **Entführungstatbestand, § 239a/b I 1. Fall**
   a) **Tathandlung**

   aa) **Entführen**

   DEFINITION
   Entführen bedeutet das Verbringen eines anderen Menschen an einen Ort, an dem er dem uneingeschränkten Einfluss des Täters ausgesetzt ist.

   bb) **Sich-Bemächtigen**

   DEFINITION
   Das **Sich-Bemächtigen** setzt voraus, dass der Täter die körperliche Herrschaft über das Opfer erlangt.

   b) **Vorsatz**
   c) **Ausnutzungsabsicht**

2. **Ausnutzungstatbestand, § 239a/b I 2. Fall**
   a) **Schaffung einer Zwangslage durch Entführen oder Sich-Bemächtigen**
   b) **Ausnutzen der Zwangslage**
   c) **Vorsatz**
      - **℗** Anwendungsbereich des Ausnutzungstatbestands

II. **Rechtswidrigkeit**

III. **Schuld**

IV. **Tätige Reue, § 239a IV (bzw. § 239b II)**
   - **℗** Ratio legis und Voraussetzungen

DIE PROBLEME – LÖSUNGSANSÄTZE

℗ Restriktive Auslegung im 2-Personen-Verhältnis

[Fall: Der körperlich überlegene T droht O Prügel an, wenn er nicht sein Geld hergeben würde. Verängstigt händigt O dem T das Geld aus.]

Normen des Kernstrafrechts (§§ 249, 255, 178) drohen (vor allem bei Bemächtigungen im **2-Personen-Verhältnis**) bedeutungslos zu werden, weil alleine vom Wortlaut schon einer

„normaler" Überfall unter §§ 239a, b subsumiert werden könnte. Auch ist vom Wortlaut jede Vergewaltigung an sich ein Fall des § 239b.

Restriktive Auslegung: §§ 239a/b sind (unvollkommen) **zwei**aktige Delikte; ist die Tat nur einaktig, scheiden die §§ 239a/b aus; für die Zweiaktigkeit ist eine „**stabile Bemächtigungslage/ Zwischenlage**" nötig.
I.d.R. (+) bei Entführungen.
Im Normalfall (-) bei bloßer Bemächtigung; aber bejaht, wenn Täter mit dem genötigten Opfer zum Geldautomaten gehen, um dort Geld vom Konto des Opfers abzuheben; auch zu bejahen, wenn Täter Opfer in Abstellraum drängt, abschließt, das Opfer vergewaltigt und danach beraubt.

Gutachten: Es gibt verschiedenste Vorschläge für die Verortung des Problems. Empfehlung: Nach Bejahung des Tatbestands an dessen Ende das Problem der Restriktion im Zwei-Personen-Verhältnis aufwerfen.

Ⓟ Abnötigung künftigen Verhaltens
[Fall: Täter entführt das Opfer und führt eine „Scheinerschießung durch. Der Täter will dem Opfer dadurch klarmachen, künftig „das Maul zu halten.]
Nach BGH ist es erforderlich, dass zwischen der Entführung eines Opfers und einer beabsichtigten Nötigung ein funktionaler und zeitlicher Zusammenhang derart besteht, dass der Täter das Opfer während der Dauer der Entführung nötigen will. Im Fall wollte der Täter das Opfer einschüchtern und es dadurch **künftig zum Schweigen** bringen. Damit waren seine Ziele auf ein Unterlassen in der Zukunft gerichtet, auf einen Zeitraum, zu dem das Opfer aus der Gewalt des Täters entlassen war. Damit erfüllt das Verhalten des Täters nur die Tatbestände der Freiheitsberaubung und der Nötigung. (BGH, 1 StR 444/14, RA 2015, 281, 284)

Ⓟ Anwendungsbereich des Ausnutzungstatbestands
Die 2. Var. wird „**Ausnutzungstatbestand**" genannt.

Die 2. Var. ist vor allem einschlägig, wenn der Täter den Plan zur Ausnutzung der von ihm geschaffenen Situation erst später fasst, oder wenn dem Täter der ursprüngliche Plan zur Ausnutzung zumindest nicht nachgewiesen werden kann.
[Fall: T entführt O, um ihm Angst einzujagen. Erst später kommt er auf die Idee, die Entführung für eine Lösegeldforderung auszunutzen.]

Ⓟ Ratio legis und Voraussetzungen der tätigen Reue
Vor allem die 1. Var. Hat einen sehr frühen Vollendungszeitpunkt.
[Fall: T entführt O, um Lösegeld zu erpressen. Schon mit der Entführung ist § 239a I 1. Var. vollendet.]
Durch § 239a IV soll dem Täter ein Motiv gegeben werden, von seiner vollendeten (!) Tat abzulassen, da der Rücktritt wegen Vollendung bereits ausgeschlossen ist.
Tätige Reue gemäß § 239a IV 1 liegt erst dann vor, wenn der Täter das Opfer in seinen Lebensbereich zurückgelangen lässt und zudem auf die erstrebte Leistung verzichtet; dazu muss er vollständig von der erhobenen Forderung Abstand nehmen.
Diese Abstandnahme wird nicht stets, aber regelmäßig konkludent in der Freilassung des Opfers zu sehen sein.

RÄUBERISCHER ANGRIFF AUF KRAFTFAHRER, § 316a

SCHEMA MIT DEFINITIONEN UND PROBLEMÜBERSICHT

I. Tatbestand

1. **Verüben eines Angriffs auf Leib, Leben oder Entschlussfreiheit des Opfers**

DEFINITION

Angriff ist jede gegen Leib, Leben oder Entscheidungsfreiheit einer der geschützten Personen gerichtete feindselige Handlung des Täters. Ein Verletzungserfolg ist nicht erforderlich.

ⓟ „Angriff" durch List/vorgetäuschte Polizeikontrolle

2. **Opfer ist Führer eines Kraftfahrzeugs oder Mitfahrer**

DEFINITION

Führer eines Kraftfahrzeuges i.S.v. § 316a I ist, wer das Fahrzeug in Bewegung zu setzen beginnt, es in Bewegung hält oder allgemein mit dem Betrieb des Fahrzeugs oder mit der Bewältigung von Verkehrsvorgängen beschäftigt ist.

ⓟ Angriffe auf Taxifahrer

3. **Ausnutzung der besonderen Verhältnisse des Straßenverkehrs**

DEFINITION

Das ist objektiv der Fall, wenn der **Führer eines Kraftfahrzeugs** im Zeitpunkt des Angriffs noch in einer Weise mit der Beherrschung seines Kraftfahrzeugs und/oder mit der Bewältigung von Verkehrsvorgängen beschäftigt ist, dass er gerade deshalb leichter zum Angriffsobjekt eines Überfalls werden kann.

ⓟ Wann liegt eine Ausnutzung vor?

4. **Vorsatz**
5. **Absicht zur Begehung einer Tat gem. §§ 249, 252, 255**

II. Rechtswidrigkeit
III. Schuld

DIE PROBLEME – LÖSUNGSANSÄTZE

Gutachten: Generell erst §§ 249, 252, 255 prüfen, um Inzidentprüfungen im Rahmen des § 316a zu vermeiden.

ⓅAngriff" durch List/vorgetäuschte Polizeikontrolle
Durch bloße **List** kann kein Angriff begangen werden.
[Fälle: Ein vermeintlicher Fahrgast gibt gegenüber einem Taxifahrer ein falsches Fahrziel an. Vortäuschen eines Unfalls oder einer sonstigen Notlage, um einen Kraftfahrzeugführer zum Anhalten zu bewegen.]

Hiervon abzugrenzen sind Handlungen, welche auf den Führer eines Kfz eine objektiv **nötigungsgleiche Wirkung** haben. Fälle einer **vorgetäuschten Polizeikontrolle** entsprechen Fällen der **Straßensperre**. Denn dem Kraftfahrzeugführer ist bei der Einwirkung durch Haltezeichen durch Polizeibeamte kein Ermessen eingeräumt; er ist vielmehr bei Androhung von Geldbuße (§ 36 I i.V.m. § § 49 III Nr. 1 StVO) verpflichtet, Haltezeichen Folge zu leisten, und befindet sich daher objektiv in einer (irrtümlich als gerechtfertigt angesehenen) Nötigungssituation. Auf die Entschlussfreiheit eines Kraftfahrzeugführers wird daher bereits dann eingewirkt, wenn vom Täter eines geplanten Raubs eine Polizeikontrolle vorgetäuscht wird und sich der Geschädigte dadurch zum Anhalten gezwungen sieht. (BGH, 4 StR 607/14, RA 2015, 393)

ⓅAngriffe auf Taxifahrer
Auch bei einem nicht verkehrsbedingten Halt bleibt der Fahrer, solange er sich in dem Fahrzeug aufhält und mit dessen Betrieb und/oder mit der Bewältigung von Verkehrsvorgängen beschäftigt ist, weiterhin Führer des Kraftfahrzeugs im Sinne des § 316a. Dies ist allerdings regelmäßig dann nicht der Fall, wenn das Tatopfer sein Fahrzeug zum Halten gebracht und den Motor ausgestellt hat. Bei Überfällen auf Taxifahrer (oder sonstige Kfz-Führer) kommt es folglich im Detail auf die geschilderten Umstände an.

ⓅWann liegt eine Ausnutzung vor?
Danach ist erforderlich, dass der tatbestandsmäßige Angriff gegen das Tatopfer als Kraftfahrzeugführer unter Ausnutzung der spezifischen Bedingungen des Straßenverkehrs begangen wird. Das ist objektiv der Fall, wenn der Führer eines Kraftfahrzeugs im Zeitpunkt des Angriffs noch in einer Weise mit der Beherrschung seines Kraftfahrzeugs und/oder mit der Bewältigung von Verkehrsvorgängen beschäftigt ist, dass er gerade deshalb leichter zum Angriffsobjekt eines Überfalls werden kann.

Gutachten: Sie merken, dass sich die Prüfungspunkte „Führer einer Kfz" und „Ausnutzung der besonderen Verhältnisse des Straßenverkehrs" z.T. überschneiden. Achten Sie deshalb vor allem darauf, sich nicht in Widersprüche zu verwickeln. Auch nach Geppert, JK 7/08, StGB § 316a/8, laufen diese beiden vom BGH getrennten Aspekte „letztlich auf das Gleiche hinaus"

Bei einem nicht verkehrsbedingten Halt müssen daher neben der Tatsache, dass der Motor des Kraftfahrzeuges noch läuft (Ausnahmen bei Start-Stopp-Automatik möglich!), weitere verkehrsspezifische Umstände vorliegen, aus denen sich ergibt, dass das Tatopfer als Kraftfahrzeugführer zum Zeitpunkt des Angriffs noch in einer Weise mit der Beherrschung des Fahrzeugs und/oder mit der Bewältigung von Verkehrsvorgängen beschäftigt war, dass es gerade deshalb leichter Opfer des räuberischen Angriffs wurde und der Täter dies für seine Tat ausnutzte.

HEHLEREI, § 259

SCHEMA MIT DEFINITIONEN

I. Tatbestand

1. **Taugliches Tatobjekt (bewegliche Sache; „anderer")**
2. **Tathandlung (alternativ)**

   a) **Ankaufen**

   b) **Sich/einem Dritten verschaffen**

   DEFINITION

   Sichverschaffen ist die Erlangung einer eigenen selbstständigen tatsächlichen Verfügungsgewalt über die Sache im Einvernehmen mit dem Vortäter.

   c) **Absetzen**

   DEFINITION

   Absetzen ist das Unterstützen des Vortäters bei der wirtschaftlichen Verwertung der Sache durch selbstständiges Handeln.

   d) **Absetzenhelfen**

   DEFINITION

   Absetzenhelfen ist das weisungsabhängige, unselbstständige Unterstützen des Vortäters bei dessen Absatz der Sache.

3. **Vorsatz**
4. **Bereicherungsabsicht**

II. Rechtswidrigkeit
III. Schuld

SCHEMA MIT PROBLEMÜBERSICHT

I. Tatbestand

1. **Taugliches Tatobjekt (bewegliche Sache; „anderer")**
   - **℗** Keine Ersatzhehlerei

2. **Tathandlung (alternativ)**
   - **℗** Notwendigkeit eines Absatzerfolges
   - **℗** Abgrenzung des Absetzens zur Drittverschaffung
   - **℗** Verhältnis der Absatzhilfe zur Beihilfe zu Hehlerei

3. **Vorsatz**
4. **Bereicherungsabsicht**
   - **℗** Kann der „andere" auch der „Dritte" sein?

II. Rechtswidrigkeit
III. Schuld

DIE PROBLEME – LÖSUNGSANSÄTZE

Ⓟ Keine Ersatzhehlerei

[Fall: Dieb D verkauft die Beute an den Gutgläubigen G und verschenkt den Kaufpreis an F, der die ganze Vorgeschichte kennt. Wegen § 935 I BGB erwirbt G kein Eigentum und ist deshalb von D betrogen worden. Hehlerei durch F?]

Im Gutachten ist es wichtig, nicht vorschnell von einer straflosen Ersatzhehlerei auszugehen. Zu prüfen ist in jedem Fall, ob die Handlung, durch die der Vortäter das Surrogat erlangt hat, nicht vielleicht ihrerseits eine gegen fremdes Vermögen gerichtete Tat i.S.v. § 259 I darstellt.

Sofern dies der Fall ist, ist in einem weiteren Schritt zu prüfen, ob die Ersatzsache auch wirklich die Beute des Vermögensdelikts darstellt, da nur in diesem Fall die Ersatzsache „durch gegen fremdes Vermögen gerichtete rechtswidrige Tat erlangt" wurde. Im Fall ist der Kaufpreis die Betrugsbeute und das Geld damit „bemakelt", also ein taugliches Tatobjekt für eine anschließende Hehlerei.

Ⓟ Notwendigkeit eines Absatzerfolges

Seit 2014 geht auch der BGH davon aus, dass schon vom Wortlaut ein Absatzerfolg notwendig ist. Damit dürfte sich der früher „klassische" Meinungsstreit schrittweise erledigen.

Ⓟ Abgrenzung des Absetzens zur Drittverschaffung

Es liegt es nahe, die beiden Varianten danach zu differenzieren, in wessen „Lager" der Täter objektiv und subjektiv steht.

[Fall: Sammler S beauftragt den Hehler H, ihm „am Markt" bestimmte Kunstgegenstände zu besorgen. Hier liegt eine Drittverschaffung vor, weil H im Lager der S steht und für diesen tätig wird.]

Ⓟ Verhältnis der Absatzhilfe zur Beihilfe zu Hehlerei

Die Absatzhilfe schließt Strafbarkeitslücken, wenn die Haupttat fehlt, weil der „Stehler" (der i.S.v. § 259 kein „anderer" ist) selbst absetzt.

[Fall: Dieb D hat seine eigenen Absatzkanäle für seine Beute. H unterstützt ihn bei einem Verkauf mit einer Gefälligkeit.]

Da sich D nicht selbst wegen § 259 strafbar machen kann und es folglich für die Beihilfe an einer Haupttat fehlen würde, droht eine Strafbarkeitslücke. Aber:

Ⓟ Kann der „andere" auch der „Dritte" sein?

Nach BGH müssen vom Wortlaut der Vortäter (der „andere") und der Bereicherte (der „Dritte") unterschiedliche Personen sein. Wird mit dem Ziel der Bereicherung des Vortäters gehandelt, komme eine Begünstigung gem. § 257 in Betracht. Anders könne man die §§ 257, 259 nicht voneinander abgrenzen. Hiernach kommt eine Absatzhilfe nur in Betracht, wenn im obigen Fall der H handelt, um sich selbst zu bereichern, oder um den Erwerber zu bereichern. Sofern er D bereichern will, läge § 257 vor.

Nach a.A. spiegeln sich in den Begriffen „anderer" und „Dritte" nur übliche Begrifflichkeiten des Gesetzgebers wieder. Daraus könne nicht entnommen werden, dass es sich um zwei unterschiedliche Personen handeln müsse. Hiernach können im Fall oben § 257 und § 259 parallel vorliegen.

KÖRPERVERLETZUNG

SCHEMA MIT DEFINITIONEN UND PROBLEMÜBERSICHT

I. Grundtatbestand

1. Tatobjekt: anderer Mensch

2. Kausal und zurechenbar durch eine Handlung bewirkter Taterfolg

> **DEFINITION**
>
> Eine **körperliche Misshandlung** ist eine *üble, unangemessene Behandlung*, die zu einer nicht unerheblichen Beeinträchtigung des körperlichen Wohlempfindens oder der körperlichen Unversehrtheit führt.
>
> Eine **Gesundheitsbeschädigung** ist jedes Hervorrufen oder Steigern eines *pathologischen Zustands*.
>
> ℗ Ärztlicher Heileingriff

3. Vorsatz

II. Qualifikationstatbestand des § 224

§ 224 I Nr. 2:

> **DEFINITION**
>
> **Gefährliches Werkzeug** ist jeder Gegenstand, der nach seiner Beschaffenheit und der konkreten Art seiner Verwendung geeignet ist, erhebliche Verletzungen herbeizuführen.
> **Mittels** der Waffe oder des gefährlichen Werkzeugs ist die *Körperverletzung* begangen, wenn die Verletzung *durch dieses Tatmittel verursacht* wurde und sich zumindest als deren typische Folge darstellt.
>
> ℗ Unbewegliche Gegenstände
> ℗ Kfz als Tatmittel
> ℗ Begehung durch Unterlassen

§ 224 I Nr. 3:

> **DEFINITION**
>
> Ein **hinterlistiger Überfall** liegt vor, wenn der Täter *planmäßig in einer auf Verdeckung der wahren Absicht berechneten Weise vorgeht*, um dadurch dem Gegner die Abwehr des nicht erwarteten Angriffs zu erschweren und die Vorbereitung auf seine Verteidigung nach Möglichkeit auszuschließen.

§ 224 I Nr. 4 setzt weder Eigenhändigkeit noch Mittäterschaft voraus; ausreichend ist das gemeinsame Wirken eines Täters und eines Gehilfen bei der Begehung einer Körperverletzung. Das führt aber nicht dazu, dass der Gehilfe schon deshalb als Mittäter zu bestrafen wäre. Wer bloßer Gehilfe des Grunddelikts (§ 223 I) ist, der ist auch bloßer Gehilfe bei § 224 I Nr. 4.

Erforderlich ist, dass das Opfer am Tatort mindestens zwei Personen gegenübersteht, wobei es ausreicht, wenn lediglich einer die Körperverletzungshandlung unmittelbar ausführt, sofern der andere oder die anderen zu dieser zumindest **aktiv** Beihilfe leisten (aggressives Gegenübertreten am Tatort; bloß passive Anwesenheit genügt nicht).

❷ § 224 I Nr. 5: Anforderung an die lebensgefährdende Behandlung

III. Rechtswidrigkeit ([mutmaßliche] Einwilligung)

IV. Schuld

DIE PROBLEME – LÖSUNGSANSÄTZE

❷ Ärztlicher Heileingriff

Nach BGH stellt dieser grdsl. eine Körperverletzung dar, die durch eine (mutmaßliche) Einwilligung gerechtfertigt werden muss. Anders könne das Selbstbestimmungsrecht des Patienten nicht wirksam geschützt werden. (Vgl. § 630d BGB: „Einwilligung") Sofern der Arzt den Patienten falsch aufklärt (gar bewusst täuscht), ist die durch Täuschung erschlichene Einwilligung unwirksam.

Nach a.A. ist ein ärztlicher Heileingriff nicht tatbestandsmäßig, wenn und weil er nach den Regeln der ärztlichen Kunst („lege artis") erfolgt.

❷ Unbewegliche Gegenstände bei § 224 I Nr. 2

Wenn der Täter das Opfer gegen einen unbeweglichen Gegenstand – z.B. eine Badewanne – schlägt, greift die Norm vom Wortlaut her nicht ein.

❷ Kfz als Tatmittel bei § 224 I Nr. 2 (fraglich ist das Merkmal „mittels")

Nicht, wenn sich die Verletzungsschwere alleine aus dem anschließenden Sturz ergibt, das Auto selbst also den Körper (z.B. des Radfahrers) nicht berührt.

❷ Unterlassen bei § 224 I Nr. 2 (fraglich ist das Merkmal „mittels")

Dem Begehen durch aktives Tun steht ein *Unterlassen* i.d.R. nicht gem. § 13 gleich, denn der Unterlassende bedient sich dann vielfach nicht des Werkzeugs.

❷ Anforderung an die lebensgefährdende Behandlung bei § 224 I Nr. 5

BGH/h.M.: Eine **abstrakte** Eignung, das Leben des Opfers zu gefährden, genügt. Das ist der Fall, wenn die Art der Behandlung durch den Täter nach den Umständen des Einzelfalls (generell) geeignet ist, das Leben zu gefährden. Dabei ist vor allem die individuelle Schädlichkeit der Einwirkung gegen den Körper des Verletzten zu berücksichtigen, sodass auch Schläge mit der bloßen Hand oder der Faust gegen den Kopf des Opfers unter Nr. 5 fallen *können*.

Nach a.A. ist eine **konkrete** Lebensgefährdung nötig.

Das Merkmal „**mittels**" scheidet aus, wenn nicht die Körperverletzungshandlung lebensgefährlich ist, sondern erst eine durch sie ausgelöste Gefahr.

[Fall 1: A verfolgte T neben einer Autobahn und warf sich auf diesen. T erlitt Prellungen. Dabei kam der Kopf des T auf der Autobahn zu liegen. Mehrere Fahrzeuge konnten nur knapp ausweichen. Nr. 5 (-)

Fall 2: Plötzliches Öffnen der Beifahrertür eines fahrenden Pkws, um einen neben dem Pkw befindlichen Radfahrer „auffahren" zu lassen.]

In Fall 2 (OLG Hamm, 4 RVs 159/16, RA 2017, 217) ist bereits die Handlung abstrakt lebensgefährlich, auch wenn der konkrete Körperverletzungserfolg erst durch das Ausweichmanöver eintritt.

MORD, § 211 – OBJEKTIVE MORDMERKMALE

SCHEMA MIT DEFINITIONEN

I. Tatbestand

1. Tötung eines anderen Menschen (§ 212)
2. Mordmerkmale der 2. Gruppe

> **DEFINITION**
>
> **Heimtückisch** tötet, wer die Arglosigkeit und die gerade infolge der Arglosigkeit vorhandene Wehrlosigkeit des Angegriffenen bewusst zur Begehung der Tat ausnutzt und dabei in feindlicher Willensrichtung handelt.
>
> **Arglos** ist, wer sich *zur Zeit des Beginns der Tötungshandlung* keines Angriffs von Seiten des Täters versieht.
>
> Die **Wehrlosigkeit** resultiert beim Heimtückemord aus der gerade *aufgrund von Arglosigkeit* eingeschränkten oder ausgeschlossenen Verteidigungsmöglichkeit.
>
> **Grausam** tötet, wer dem Opfer vorsätzlich und *aus gefühlloser, unbarmherziger Gesinnung besonders starke Schmerzen oder Qualen* körperlicher oder seelischer Art zufügt, die nach Stärke oder Dauer über das für die Tötung erforderliche Maß hinausgehen.
>
> Mit **gemeingefährlichen Mitteln** tötet, wer ein Mittel zur Tötung einsetzt, das in der konkreten Tatsituation typischerweise eine Mehrzahl von Menschen (wohl ab drei Personen) an Leib oder Leben gefährden kann, weil der Täter die *Ausdehnung der Gefahr* nicht in seiner Gewalt hat.

3. Vorsatz bzgl. 1. und 2.
4. Mordmerkmale der 1. und 3. Gruppe

II. Rechtswidrigkeit

III. Schuld

SCHEMA MIT PROBLEMÜBERSICHT

I. Tatbestand

1. Tötung eines anderen Menschen (§ 212)
2. Mordmerkmale der 2. Gruppe

   a) **Heimtücke**
   - **P** Maßgeblicher Zeitpunkt der Arglosigkeit
   - **P** Feindselige Auseinandersetzung
   - **P** Vorwarnungen, latente Angst, etc.
   - **P** Konstitutionelle Arglosigkeit
   - **P** Bewusstes Ausnutzen
   - **P** Feindselige Willensrichtung
   - **P** restriktive Auslegung der Heimtücke
   - **P** Chantage (Tötung eines Erpressers)

b) Gemeingefährliches Mittel
- 🅟 Raser-Fälle
- 🅟 Begehung durch Unterlassen

3. Vorsatz bzgl. 1. und 2.
4. Mordmerkmale der 1. und 3. Gruppe

II. Rechtswidrigkeit

III. Schuld

DIE PROBLEME – LÖSUNGSANSÄTZE

🅟 Heimtücke – Maßgeblicher Zeitpunkt der Arglosigkeit

Beginn des ersten mit Tötungsvorsatz geführten Angriffs, also der Eintritt in das **Versuchsstadium**; **Ausnahme:** Locken in einen **Hinterhalt**/Falle; Voraussetzung ist aber, dass der Täter bereits in dem Zeitpunkt in welchem er das Opfer in die Falle lockt, mit Tötungsvorsatz handelt.

🅟 Heimtücke – Feindselige Auseinandersetzung

Die Arglosigkeit fehlt i.d.R. bei einer vorausgegangenen **feindseligen Auseinandersetzung**. Verbale Streitigkeiten stehen, selbst wenn sie der Tötungshandlung unmittelbar vorausgehen, der Heimtücke aber nicht generell entgegen. Es kommt auch in einem solchen Fall auf die Arglosigkeit des Opfers gegenüber einem Angriff auf Leben oder körperliche Unversehrtheit an.

🅟 Heimtücke – Vorwarnungen, latente Angst, etc.

Eine auf früheren Aggressionen beruhende **latente Angst des Opfers** hebt seine Arglosigkeit erst dann auf, wenn es deshalb im Tatzeitpunkt mit Feindseligkeiten des Täters rechnet. Ein Wegfall der Arglosigkeit ist erst dann in Betracht zu ziehen, wenn für das Opfer ein akuter Anlass für die Annahme bestand, dass der ständig befürchtete schwerwiegende Angriff auf sein Leben oder seine körperliche Unversehrtheit nun unmittelbar bevorsteht.
Ein berufs- bzw. rollenbedingtes „generelles Misstrauen" (z.B. Leibwächter) führt als solches noch nicht zum dauerhaften Ausschluss der Arglosigkeit.

Die auf Arglosigkeit beruhende Wehrlosigkeit des Opfers eines Tötungsdelikts kann auch dann bestehen, wenn der Täter ihm zwar offen entgegentritt, die **Zeitspanne** zwischen dem Erkennen der Gefahr und dem unmittelbaren Angriff aber so kurz ist, dass keine Möglichkeit bleibt, dem Angriff irgendwie zu begegnen.

Ebenso, wenn der Täter das Opfer 20 Sekunden mit Körperverletzungsvorsatz würgt und erst dann den Entschluss zu Tötung fasst. In diesem Fall dauert der Überraschungseffekt bis zum Zeitpunkt des tödlichen Angriffs an. Ebenso bei „im letzten Moment unternommenen Abwehrversuchen".

Anders, wenn der Tat eine vom Opfer bemerkte längere Verfolgung vorausgeht und sich das Opfer schon seit Wochen bedroht fühlte.

Anders wenn der Täter nach einem heftigen Streit ankündigt: „Ich komme jetzt zu dir ins Restaurant und mach dich platt." Derjenige, der heimtückisch handeln will, pflegt seine Tat nicht kurz zuvor anzukündigen.

℗ Heimtücke – Konstitutionelle Arglosigkeit

Bei **konstitutionell arglosen Personen** (z.B. Kleinkinder oder Schwerst-Pflegefälle) ist auf die Arglosigkeit **schutzbereiter Dritter** (z.B. Eltern, Babysitter, Angehörige, Krankenhauspersonal) abzustellen. Schutzbereiter Dritter ist jede Person, die den Schutz eines Besinnungslosen vor Leib- und Lebensgefahr dauernd oder vorübergehend übernommen hat und diesem im Augenblick der Tat entweder tatsächlich ausübt oder es deshalb nicht tut, weil sie dem Täter vertraut. Folglich muss der schutzbereite Dritte nicht „zugegen" sein.

Str., bei den „**Breifällen**", wenn vergifteter Brei mit Süßstoff versetzt wird, um den natürlich Schutzreflex zu überwinden.

℗ Heimtücke – Bewusstes Ausnutzen

Für das **bewusste Ausnutzen** (sog. **Ausnutzungsbewusstsein**) von Arg- und Wehrlosigkeit genügt es, dass der Täter sich bewusst ist, einen durch seine Ahnungslosigkeit gegenüber einem Angriff schutzlosen Menschen zu überraschen. Dabei kommt es nicht darauf an, ob der Täter die Arglosigkeit herbeiführt oder bestärkt. **Ein überlegtes und die auf Arglosigkeit beruhende Wehrlosigkeit bewusst einplanendes Vorgehen ist nicht erforderlich.**

℗ Heimtücke – Feindselige Willensrichtung

Keine **feindliche Willensrichtung** liegt vor, wenn der Täter „zum vermeintlich Besten des Opfers" handelt, z.B.: Mitnahmeselbstmord und Mitleidstötung.

℗ Heimtücke – restriktive Auslegung der Heimtücke

Gutachten: Dieses Problem darf erst angesprochen werden, wenn die Grunddefinitionen der Heimtücke sauber subsumiert und bejaht wurden.

BGH: „Rechtsfolgenlösung"; die analoge Anwendung von § 49 I ist aber der „letzte Ausweg", weshalb alle anderen Möglichkeiten der Strafmilderung vorher geprüft werden müssen (z.B. Irrtum gem. § 35 II beim „Tyrannenmord").

Nach wohl h.L.: Zusätzlich **besonders verwerflicher Vertrauensbruch** nötig; h.L. dürfte abzulehnen sein, da damit das Mordmerkmal „in die Familie getragen" wird und „Meuchelmörder" und Auftragskiller nicht erfasst werden können.

℗ Heimtücke – Chantage (Tötung eines Erpressers)

Der Erpresser, welcher in einer von ihm gesuchten Konfrontation mit dem Erpressten und in dessen Angesicht im Begriff ist, seine Tat zu vollenden (Geldübergabe oder -wegnahme), ist nicht arglos. Das gilt auch dann, wenn er mit einer Gegenwehr seines Opfers nicht rechnet und von dieser überrascht ist. Der Erpresser ist der wirkliche Angreifer. Dem Erpressten gesteht die Rechtsordnung das Notwehrrecht zu. Mit dessen Ausübung muss jeder Angreifer in solcher Lage grundsätzlich rechnen.

℗ Heimtücke und Gemeingefährliches Mittel – Raser-Fälle

Ein Verkehrsteilnehmer, der bei einem illegalen Rennen mit einem Pkw innerorts mit deutlich überhöhter Geschwindigkeit einen anderen Menschen tötet, **kann** (!) wegen Mordes zu bestrafen sein (BGH, 4 StR 482/19, JuS 2020, 892), wobei die Heimtücke i.d.R. eher zu bejahen sein dürfte. Entscheidend ist zunächst, ob überhaupt ein Tötungsvorsatz angenommen werden kann.

Ⓟ Gemeingefährliches Mittel – Begehung durch Unterlassen

Das Mordmerkmal greift nicht ein, wenn der Täter eine bereits vorhandene gemeingefährliche Situation nur zur Tat ausnutzt. Deshalb scheidet meist auch ein Mord **durch Unterlassen** aus, weil der BGH das „Einsetzen" gemeingefährlicher Mittel durch aktives Handeln verlangt.

MORD, § 211 – SUBJEKTIVE MORDMERKMALE

SCHEMA MIT DEFINITIONEN

I. Tatbestand

1. Tötung eines anderen Menschen (§ 212)
2. Mordmerkmale der 2. Gruppe
3. Vorsatz bzgl. 1. und 2.
4. Mordmerkmale der 1. und 3. Gruppe

DEFINITION

Aus **Mordlust** tötet derjenige, bei dem der Tod des Opfers als solcher der einzige Zweck der Tat ist, der Täter also *allein aus Freude an der Vernichtung eines Menschenlebens* handelt oder aus *Langeweile, Angeberei,* zum nervlichen *Stimulans* oder *Vergnügen.*

Zur Befriedigung des Geschlechtstriebs tötet, wer das Töten unmittelbar oder mittelbar als ein Mittel zur geschlechtlichen Befriedigung benutzt, wer also im Augenblick des Entschlusses zur Tötung und bei der Tötungshandlung von sexuellen Motiven geleitet ist.

Habgier ist rücksichtsloses Gewinnstreben um jeden Preis; auch um den Preis eines Menschenlebens.

Beweggründe sind niedrig, wenn sie *nach allgemeiner sittlicher Wertung auf tiefster Stufe* stehen und deshalb besonders verachtenswert sind.

Verdeckung einer anderen Straftat

DEFINITION

Mit **Verdeckungsabsicht** tötet, wem es darauf ankommt, durch die Tötung entweder die Aufdeckung der Vortat in einem die Strafverfolgung sicherstellenden Umfang oder die Aufdeckung seiner Täterschaft zu verbergen.

Die mit der Handlung verfolgte Absicht muss darauf gerichtet sein, die **Begehung** der **anderen** Tat zu ermöglichen.

II. Rechtswidrigkeit

III. Schuld

SCHEMA MIT PROBLEMÜBERSICHT

I. Tatbestand

1. Tötung eines anderen Menschen (§ 212)
2. Mordmerkmale der 2. Gruppe
3. Vorsatz bzgl. 1. und 2.
4. Mordmerkmale der 1. und 3. Gruppe
   ❷ Gekreuzte Mordmerkmale

a) **Habgier**
   ℗ Abwendung des Vermögensverlustes/ersparte Aufwendungen

b) **Verdeckungs-/Ermöglichungsabsicht**
   ℗ andere Tat
   ℗ bloßer Eventualvorsatz zur Tötung

c) **sonst niedrige Beweggründe**
   ℗ Abwägungskriterien

II. Rechtswidrigkeit

III. Schuld

DIE PROBLEME – LÖSUNGSANSÄTZE

℗ Gekreuzte Mordmerkmale

Hier wirkt sich der Streit über das Verhältnis von § 211 zu § 212 aus. § 28 gilt nur für die subjektiven Mordmerkmale!

• **BGH: 211 ist ein eigenständiges Delikt**
Arg.: § 211 steht in der Gesetzessystematik vor § 212. ➜ Mordmerkmale wirken **strafbegründend. 28 I** (Strafrahmenverschiebung)

• **h.L.: 211 ist eine unselbstständige Qualifikation**
Arg.: Jeder Mord setzt das Vorliegen eines Totschlags voraus. ➜ Mordmerkmale wirken **strafschärfend. ➜ 28 II** (Tatbestandsverschiebung)

Beispiel: „**gekreuzte Mordmerkmale**"
[Fall: Täter und Teilnehmer verwirklichen unterschiedliche besondere persönliche Mordmerkmale, wobei der Teilnehmer dasjenige des Haupttäters kennt.]
Lösung:
• **Nach h.L. zwei TB-Verschiebungen** (ausgehend vom Mordmerkmal des Täters „runter" zu 212 und wieder „hoch" in 211 zum Mordmerkmal des Teilnehmers); dies führt zur sog. „**Akzessorietätslockerung**", da der Teilnehmer wegen eines anderen Mordmerkmals verurteilt wird als der Haupttäter.

• **Nach BGH eigentlich 28 I**, weil der Teilnehmer das Mordmerkmal des Täters nicht teilt; der Fall, dass der Teilnehmer ein bes. pers. Merkmal aufweist, welches der Täter nicht teilt, ist in § 28 I nicht geregelt; dennoch (oder gerade deshalb) **verwehrt der BGH dem Teilnehmer die Milderung nach § 28 I aus Gründen der Billigkeit** („gekreuzte Mordmerkmale").

• **Streitentscheidung** nötig (str.), da Teilnehmer nach BGH und h.L. wg. unterschiedlicher Mordmerkmale strafbar sind. (Mögliches Argument gegen die Notwendigkeit einer Streitentscheidung: Beide Ansichten führen zum gleichen Tenor: „Mord"). Arg. im 1. Examen für Lit.: § 28 II ist die flexiblere Regelung, weil die Verschiebung des Tatbestands in „beide Richtungen" erfolgen kann. Dadurch wird dem Grundsatz des § 29, dass jeder nach seiner Schuld bestraft wird, besser und flexibler Rechnung getragen.

Schema:
1. Examen: Im Tatbestand nach obj. und subj. TB der Teilnahme unter der Überschrift „Tatbestands-verschiebung"
2. Examen: Nach der Schuld bei der Strafzumessung.

🅟 Habgier – Abwendung des Vermögensverlustes/ersparte Aufwendungen

Nach h.M. macht es aber keinen Unterschied, ob der Täter einen Vermögenszuwachs anstrebt oder einen Vermögensverlust verhindern will.

Das „Gewinnstreben" liegt nach h.M. auch vor, wenn der Täter handelt, um sich Aufwendungen zu ersparen.

🅟 Verdeckungs-/Ermöglichungsabsicht – andere Tat

Der Täter kann nicht diejenige Tat verdecken, die er gerade begeht. Folglich handelt derjenige Täter, der aus Mordlust tötet nicht auch zur Verdeckung einer „anderen" Tat. Ein unmittelbarer zeitlicher Zusammenhang mit der Vortat steht der Verdeckungsabsicht jedoch nicht entgegen. Die Vortat muss keine selbstständige Tat i.S.v. § 264 StPO darstellen und mit der Tötung auch nicht in Tatmehrheit stehen.

Deshalb könnte man beim sog. „Raubmord" am Vorliegen der Ermöglichungsabsicht zweifeln, wenn die Tötungshandlung gerade die für den Raub eingesetzte Gewalteinwirkung darstellt. Dennoch wird von der h.M. hier die Ermöglichungsabsicht bejaht. Die konkurrenzrechtliche Teilüberschneidung der Delikte ist egal, solange jenseits der Tötung ein weiterer Teilakt (die Wegnahme) vorgenommen werden soll.

Verdeckungsabsicht
(-), wenn von vornherein einheitlicher Tötungsvorgang;
(-), nach BGH wenn Täter bei Begehung der ersten KV (nur) mit Eventualvorsatz bzgl. des Todes handelt und dann ohne Zäsur zu einer absichtlichen Tötung übergeht;
(+), wenn im obigen Fall 2 eine zeitliche Zäsur vorliegt;
(+), wenn Täter vom KV- zum Tötungsvorsatz übergeht, selbst wenn keine zeitliche Zäsur.

🅟 Wertungswiderspruch zw. Fall 2 und 4, da Täter mit ursprünglichem Tötungsvorsatz privilegiert wird; deshalb nach a.A. auch (+) in Fall 2 (Eisele, JuS 2015, 754 f.).

In-dubio-Konstellation (BGH, 3 StR 541/14, JuS 2015, 754): Unklar, ob obiger Fall 2 oder 4 vorliegt:
1. Teilakt: in dubio nur KV-Vorsatz.
2. Teilakt: in dubio beim 1. Teilakt Tötungsvorsatz und deshalb gem. Fall 2 keine Verdeckungsabsicht.

🅟 Verdeckungs-/Ermöglichungsabsicht – bloßer Eventualvorsatz zur Tötung

Die Annahme von Verdeckungsabsicht kommt grundsätzlich auch dann in Betracht, wenn der Tod des Opfers nicht mit direktem Vorsatz angestrebt, sondern **nur bedingt vorsätzlich** in Kauf genommen wird, wenn nicht im Einzelfall der Tod des Opfers sich als zwingend notwendige Voraussetzung einer Verdeckung darstellt. Dies ist z.B. der Fall, wenn der Täter dem Opfer persönlich bekannt ist und der deshalb den Täter im Fall des Überlebens sicher identifizieren könnte.

℗ Verdeckungsmord durch Unterlassen ist möglich und wird häufig mit der Frage zusammentreffen, ob ein bloßer Eventualvorsatz zur Tötung neben der Verdeckungsabsicht ausreicht (hierzu oben).

Greift der Täter das Opfer mit (bedingtem) Tötungsvorsatz an und verlässt er sodann den lebensgefährlich Verletzten, um sich drohender Strafverfolgung zu entziehen, kommt eine Strafbarkeit wegen Verdeckungsmordes durch Unterlassen mangels Verdeckens einer anderen Straftat nicht in Betracht.

℗ sonst niedrige Beweggründe – Abwägungskriterien

Gesamtwürdigung aller äußeren und inneren für die Handlungsantriebe des Täters maßgeblichen Faktoren, insbesondere die Umstände der Tat, die Lebensverhältnisse des Täters und Persönlichkeit.

Stets anzuwendende **Abwägungskriterien**:
- War Tat spontan oder geplant?
- Gibt es für die Tat ein „verständiges" Motiv?

Ist der Täter aus einem „verständigen" Motiv spontan zur Tat hingerissen, scheidet der niedrige Beweggrund also i.d.R. aus.

Ein niedriger Beweggrund kann auch dann gegeben sein, wenn der Täter in dem Bewusstsein handelt, keinen Grund für eine Tötung zu haben oder zu brauchen. Gleiches gilt für das bewusste Abreagieren von frustrationsbedingten Aggressionen an einem Opfer, das damit weder personell noch tatsituativ etwas zu tun hat.

Bei einem **Motivbündel** ist nach Möglichkeit das beherrschende Motiv herauszuarbeiten. Es genügt, wenn das dominierende Motiv als niedrig zu bewerten ist; nachvollziehbare Begleitmotive stehen dann der Bewertung der Tötung als Mord nicht entgegen. Waren bei der Tatbegehung mehrere Motive gleichrangig vorhanden, so ist die Annahme niedriger Beweggründe nur möglich, wenn alle als niedrig einzustufen sind.

Für den Fall der „**Blutrache**" kommt es darauf an, ob der Angeklagte allein aus einem ersichtlich nicht billigenswerten Motiv der „Blutrache", und damit aus niedrigen Beweggründen, oder aus einer besonderen Belastungssituation infolge des Verlustes seiner wesentlichen Bezugsperson bzw. aus ähnlichen, nicht per se niedrigen Motiven heraus gehandelt hat. In „**Raser-Fällen**" dürften auch häufig niedrige Beweggründe vorliegen (BGH, 4 StR 482/19, JuS 2020, 892).

TRUNKENHEIT IM VERKEHR, § 316

SCHEMA MIT DEFINITIONEN UND PROBLEMEN

I. Tatbestand

1. Führen eines Fahrzeugs

- **℗** Fahrrad als Tatmittel
- **℗** Beginn des „Führens"
- **℗** Begriff des Fahrzeugführers

2. Im Verkehr

DEFINITION

Straßenverkehr: Öffentlich ist der Straßenverkehr, wenn der Verkehrsraum entweder *ausdrücklich oder mit stillschweigender Duldung des Verfügungsberechtigten für jedermann* oder *wenigstens allgemein für bestimmte Gruppen* von Personen (d.h. für einen zufälligen Personenkreis) – wenn auch nur vorübergehend oder gegen Gebühr – *zur Benutzung zugelassen* ist.

- **℗** Fahrten auf Betriebsgeländen und Parkhäusern etc.

3. Im fahruntüchtigen Zustand

- **℗** Promille-Grenzen

4. Vorsatz oder Fahrlässigkeit

II. Rechtswidrigkeit

III. Schuld

DIE PROBLEME – LÖSUNGSANSÄTZE

℗ Fahrrad als Tatmittel

Nicht verlangt das Gesetz ein „Kraftfahrzeug", weshalb z. B. auch Fahrräder taugliche Tatmittel sind.

℗ Beginn des „Führens"

Zu bejahen ab dem Anrollen der Räder.

℗ Begriff des Fahrzeugführers

Fahrzeugführer ist dabei diejenige Person, die sich selbst aller oder wenigstens eines Teils der *wesentlichen technischen Einrichtungen des Fahrzeugs bedient*, die für seine Fortbewegung bestimmt sind, und das Fahrzeug in Bewegung setzt oder es während der Fahrtbewegung lenkt. Es ist ein eigenhändiges Delikt.

Ein **Fahrlehrer**, der nur Fahranweisungen gibt, führt kein Fahrzeug, wer ein abgeschlepptes Kfz steuert hingegen schon.

ⓟ Fahrten auf Betriebsgeländen und Parkhäusern etc.

Grundsätzlich findet auch auf allgemein zugänglichen Privatparkplätzen, Kundenparkplätzen oder Parkhäusern öffentlicher Verkehr statt.

Ob auf einem privaten Betriebsgelände öffentlicher Verkehr stattfindet, hängt maßgeblich von den Umständen des Einzelfalles ab (allgemein zulässige Zufahrt oder aber Absperrung und nur individuelle Zufahrtberechtigung). Die Zugehörigkeit einer Fläche zum öffentlichen Verkehrsraum endet mit einer eindeutigen, äußerlich manifestierten Handlung des Verfügungsberechtigten, die unmissverständlich erkennbar macht, dass ein öffentlicher Verkehr nicht (mehr) geduldet wird (z.B. schließen einer Schranke). Eine Verkehrsfläche kann somit zeitweilig „öffentlich" und zu anderen Zeiten „nicht-öffentlich" sein.

ⓟ Promille-Grenzen

Bei Alkohol:

absolut: Kraftfahrer: **1,1‰** (Radfahrer etwa 1,6 ‰)

relativ: 0,3 ‰ *(nicht darunter!)* **plus (!) Ausfallerscheinungen**

Als Ausfallerscheinungen kommen z.B. in Betracht: Eine auffällige, sei es regelwidrige, sei es besonders sorglose oder leichtsinnige Fahrweise, ein unbesonnenes Benehmen bei Polizeikontrollen, aber auch sonstiges Verhalten, das alkoholbedingte Enthemmung und Kritiklosigkeit erkennen lässt. Insbesondere ungewöhnliche Fahrfehler lassen den Schluss auf Fahruntüchtigkeit zu.

Eine gefährliche und rasante Fahrweise allein ist für die Annahme alkoholbedingter Ausfallerscheinungen nicht ausreichend.

GEFÄHRDUNG DES STRASSENVERKEHRS, § 315c

SCHEMA MIT DEFINITIONEN

I. Tatbestand

1. Führen eines Fahrzeugs im fahruntüchtigen Zustand (Nr. 1)

2. Oder: Grob verkehrswidriges und rücksichtsloses Verhalten (Nr. 2)

> **DEFINITION**
>
> Grob verkehrswidrig handelt, wer objektiv besonders schwer, d.h. typischerweise besonders gefährlich, gegen eine Verkehrsvorschrift verstößt.
>
> Rücksichtslos handelt, wer sich aus eigensüchtigen Gründen *über* die ihm bewusste Pflicht zur Vermeidung unnötiger Gefährdung anderer (§ 1 StVO) hinwegsetzt oder aus Gleichgültigkeit Bedenken gegen sein Verhalten von vornherein nicht aufkommen lässt. Abzustellen ist insoweit auf Beweggründe und Motivation des Fahrzeugführers in der konkreten Verkehrssituation.

3. Im Straßenverkehr

4. Gefährdung der genannten Rechtsgüter

> **DEFINITION**
>
> Die Sicherheit einer bestimmten Person oder Sache ist erst dann konkret gefährdet, wenn durch die Tathandlung ein so hohes Verletzungs- oder Schädigungsrisiko begründet worden ist, dass es nur noch vom Zufall abhängt, ob es zu einer Rechtsgutsverletzung kommt. Kritische Verkehrssituationen erfüllen diese Voraussetzungen im Allgemeinen nur, wenn sie sich aus der Perspektive eines objektiven Beobachters als ein „**Beinahe-Unfall**" darstellen. Es muss zu einer hochriskanten, praktisch nicht mehr beherrschbaren Verkehrssituation gekommen sein.

5. Zurechnungszusammenhang

> **DEFINITION**
>
> Tatbestandlich sind nur solche Fälle, in denen die Gefährdung bei einem ordnungsgemäßen Verhalten (z.B. bei einem Fahren im fahrtüchtigen Zustand) nicht eingetreten wäre. Es handelt sich hier um eine besondere Ausgestaltung des insbesondere aus der Fahrlässigkeitsdogmatik bekannten allgemeinen Erfordernisses des *„Pflichtwidrigkeitszusammenhangs"*.
>
> Außerdem werden unter diesem Prüfungspunkt die Fälle der **Selbstgefährdung** behandelt.

6. Vorsatz bzgl. 1. - 5.

[7. Fahrlässigkeit bzgl. Gefährdung wenn kein entspr. Vorsatz (§ 315c III Nr. 1)]

II. Rechtswidrigkeit

III. Schuld

(Der Tatbestand gilt als dreistufig:) Es wird verlangt, dass
- durch eine der genannten Tathandlungen (*1. Stufe*)
- eine abstrakte Gefahr geschaffen wird (*2. Stufe*),
- die sich dann zur konkreten Gefahr „verdichtet" [„Beinahe-Unfall"] (*3. Stufe*).

SCHEMA MIT PROBLEMEN

I. Tatbestand

1. Führen eines Fahrzeugs im fahruntüchtigen Zustand (Nr. 1)

2. Grob verkehrswidriges und rücksichtsloses Verhalten (Nr. 2)

3. Im Straßenverkehr

4. Gefährdung der genannten Rechtsgüter
- **℗** Wertgrenze
- **℗** Das vom Täter geführte Fahrzeug
- **℗** Schutz von Teilnehmern

5. Zurechnungszusammenhang
- **℗** Das rechtmäßige Alternativverhalten bei Trunkenheitsfahrten

6. Vorsatz bzgl. 1, 5.

[**7. Fahrlässigkeit bzgl. Gefährdung wenn kein entspr. Vorsatz (§ 315c III Nr. 1)]**

II. Rechtswidrigkeit
- **℗** Einwilligung und Dispositionsbefugnis

III. Schuld

DIE PROBLEME – LÖSUNGSANSÄTZE

℗ Wertgrenze
Die Wertgrenze für die fremde Sache von bedeutendem Wert liegt nach BGH bei **750 €**. Dieser Sache muss auch ein bedeutender Schaden gedroht haben. Hierbei sind stets zwei Prüfungsschritte erforderlich. Zunächst ist zu klären, ob es sich bei der gefährdeten Sache um eine solche von bedeutendem Wert handelte. Ist dies der Fall, so ist in einem zweiten Schritt zu prüfen, ob ihr auch ein bedeutender Schaden gedroht hat, wobei ein tatsächlich entstandener Schaden geringer sein kann als der maßgebliche Gefährdungsschaden.

℗ Das vom Täter geführte Fahrzeug
... fällt **nicht** unter § 315c, da dieses das Tatmittel ist.

℗ Schutz von Teilnehmern
Teilnehmer fallen **nicht** unter § 315c, da ihr Schutz sonst die Haupttat für ihre eigene Teilnahme begründen würde.

❷ Das rechtmäßige Alternativverhalten bei Trunkenheitsfahrten

[Fall: T fährt alkoholbedingt fahruntüchtig Tempo 50 in der Innenstadt. Vor dem plötzlich auf die Straße tretenden F kann T nicht mehr bremsen. Auch nüchtern hätte er bei Tempo 50 nicht bremsen können. In Relation zu seiner Alkoholisierung hätte er aber auch nur Tempo 30 fahren dürfen. Dann hätte T noch rechtzeitig bremsen können.]

Der **Pflichtwidrigkeitszusammenhang bei §§ 229, 222** wird auf dieser Basis vom BGH bejaht (BGH, 4 StR 369/12, RA 2013, 209 = JuS 2013, 466).

Ablehnend die h.L., da es keine „der Trunkenheit angemessene" Geschwindigkeit geben würde (z.B. Hecker, JuS 2013, 466). Die BGH-Rspr. stehe in eindeutigem Widerspruch zu dem nach § 316 StGB, § 24a StVG bestehenden Verbot für den angetrunkenen Autofahrer, überhaupt ein Kfz auf öffentlichen Straßen zu führen. Wenn feststehe, dass ein bestimmtes Verhalten generell untersagt ist, so verbiete sich aus Gründen der Rechtslogik die Frage, wie dieses Verhalten ausgestaltet sein müsste, um erlaubt zu sein. Andernfalls dürfte man einen fahrunsicheren Fahrzeugführer für einen Zusammenstoß nicht verantwortlich machen, den er bei solchermaßen herabgesetzter Geschwindigkeit aufgrund seiner verlangsamten Reaktion verursacht hat.

Dieses Problem kann **nicht** auf § 315c übertragen werden. Das Merkmal „und dadurch" führt hier zwingend dazu, dass geprüft werden muss, ob die Gefahr auch ohne die alkoholbedingte Fahruntüchtigkeit eingetreten wäre (El-Ghazi, ZJS 2014, 23, 23). Also liegt § 315c in diesem Fall nicht vor.

Somit kann es also dazu kommen, dass mit dem BGH der Pflichtwidrigkeitszusammenhang bei §§ 222, 229 bejaht wird (weil der Unfall bei der Alkoholisierung angemessener Geschwindigkeit nicht passiert wäre), § 315c aber verneint wird (weil auch ein Nüchterner bei Tempo 50 nicht mehr hätte bremsen können).

❷ Einwilligung und Dispositionsbefugnis

Nach BGH schützt § 315c ein einheitliches Rechtsgut dessen Schwerpunkt die Sicherheit des Straßenverkehrs ist. Insoweit besteht keine Dispositionsbefugnis.

Nach a.A. ist das Rechtsgut „teilbar". Werde z.B. bloß ein Mitfahrer gefährdet, der von der Trunkenheit des Täters wisse, so könne er in seine eigene Gefährdung einwilligen. Es bleibe in diesem Fall bloß eine Strafbarkeit gem. § 316.

Die kompakten Begleiter für das Referendariat und zur Vorbereitung auf das 2. Examen

Skripte **ASSEX Karteikarten** **RA Rechtsprechungs-Auswertung**

KOMPAKT

Kompakt Zivilrecht
Sachenrecht und gesetzliche Schuldverhältnisse
mit allgemeinem Schadensrecht

Kompakt Strafrecht

Kompakt Öffentliches Recht - Bundesrecht

Kompakt Landesrecht (länderspezifisch)

CRASHKURS

Crashkurs Zivilrecht

Crashkurs Strafrecht

Crashkurs Strafrecht Bayern

Crashkurs Öffentl. Recht (länderspezifisch)

Crashkurs Arbeitsrecht

Crashkurs Sammelausgabe
Handels- & Gesellschaftsrecht

CRASHKURS Assex

Crashkurs Assex Anwaltsklausur - Zivilrecht

Crashkurs Assex Strafurteil - S2-Klausur

ASSEX Karteikarten

Zivilrecht

Arbeits- und Wirtschaftsrecht

Strafrecht

Öffentliches Recht
• Baden-Württemberg • Hessen
• Berlin • Nordrhein-Westfalen
• Brandenburg • Rheinland-Pfalz

 Spezielle Angebote für Kursteilnehmer finden Sie hier:
verlag.jura-intensiv.de/karteikartenangebot-
fuer-kursteilnehmer

RA - Rechtsprechungs-Auswertung

Auswertung und Einordnung der aktuellen Rechtsprechung
als Klausur aufbereitet

RA Printausgabe

RA Digital

RA Abo

 Weitere Informationen zu unseren Produkten
finden Sie in unserem Onlineshop!
verlag.jura-intensiv.de

Stand: April 2023

GEFÄHRLICHE EINGRIFFE IN DEN STRASSENVERKEHR, § 315b

SCHEMA MIT DEFINITIONEN

I. Tatbestand

1. Verkehrsfremder Eingriff

> **DEFINITION**
> **Anlagen** sind alle dem Verkehr dienenden Einrichtungen.
> **BEISPIELE:** Verkehrszeichen, Ampeln, Absperrungen, aber auch die Straße selbst nebst ihrem dem Verkehr dienenden Zubehör (Gullydeckel).
>
> **Fahrzeuge** sind alle Beförderungsmittel ohne Rücksicht auf die Antriebsart.
> **BEISPIELE:** Straßenbahnen, Omnibusse, sonstige Kfz, Fahrräder, Inline-Skates, Ski, Rodelschlitten und fahrbares Kinderspielzeug (z.B. Tretroller).
> Z.B., wenn bei einem parkenden PKW der Bremsschlauch zerschnitten wird.
>
> Ein Hindernis wird durch jede Einwirkung auf den Straßenkörper bereitet (Nr. 2), die geeignet ist, den reibungslosen Verkehrsablauf zu hemmen oder zu stören.
>
> Einen ähnlichen ebenso gefährlichen Eingriff stellen nur solche Verhaltensweisen dar, die *unmittelbar auf einen Verkehrsvorgang einwirken* und den in Nr. 1 und 2 genannten Tathandlungen der Art und Gefährlichkeit nach *gleichwertig* sind.

2. Beeinträchtigung der Sicherheit des Straßenverkehrs

> **DEFINITION**
> Eine solche ist anzunehmen, wenn der Eingriff eine Steigerung der normalen Betriebsgefahr hervorgerufen hat und der Verkehr folglich in seinem ungestörten Ablauf gefährdet wurde.

3. Gefährdung der genannten Rechtsgüter

4. Kausalität/Zurechnungszusammenhang

5. Vorsatz bzgl. 1, 4.

[6. FLK bzgl. Gefährdung wenn kein entspr. Vorsatz (§ 315b IV) oder reine FLK gem. Abs. 5]

II. Rechtswidrigkeit

III. Schuld

Der Tatbestand gilt – ebenso wie § 315c – als dreistufig:

Es wird verlangt, dass

- durch eine der genannten Tathandlungen (*1. Stufe*)
- eine abstrakte Gefahr geschaffen wird (*2. Stufe*),
- die sich dann zur konkreten Gefahr „verdichtet" (*3. Stufe*).

Eine zeitliche Zäsur zwischen der abstrakten und der konkreten Gefahr ist nicht nötig. Es genügt, dass beide **„gedanklich trennbar"** („logische Sekunde") sind.

SCHEMA MIT PROBLEMEN

I. Tatbestand

1. Verkehrsfremder Eingriff

   ℗ Verkehrsfeindlicher Inneneingriff
   ℗ Verkehrsfeindlicher Inneneingriff bei Beifahrern
   ℗ Erfolgseintritt außerhalb des Straßenverkehrs

2. Beeinträchtigung der Sicherheit des Straßenverkehrs

   ℗ Erfolgseintritt außerhalb des Straßenverkehrs

3. Gefährdung der genannten Rechtsgüter

   ℗ Schuss, welcher die Karosserie durchschlägt

4. Kausalität/Zurechnungszusammenhang

5. Vorsatz bzgl. 1, 4.

[**6. FLK bzgl. Gefährdung wenn kein entspr. Vorsatz (§ 315b IV) oder reine FLK gem. Abs. 5]**

II. Rechtswidrigkeit

III. Schuld

DIE PROBLEME – LÖSUNGSANSÄTZE

℗ Verkehrsfeindlicher Inneneingriff

Hierbei geht es um die Frage, unter welchen Voraussetzungen ein Täter, der **am** Straßenverkehr teilnimmt, dennoch gem. § 315b wegen Eingriffs **in** den Straßenverkehr bestraft werden kann. Die Lehre verlangt insoweit einen Einsatz des **„KfZ als Waffe"** also eine **„Pervertierung"** der Teilnahme am Straßenverkehr.

Nach BGH muss bei Vorgängen im fließenden Verkehr zu dem bewusst zweckwidrigen Einsatz eines Fahrzeugs in verkehrswidriger Absicht hinzukommen, dass es mit mindestens bedingtem *Schädigungs*vorsatz – etwa als Waffe oder Schadenswerkzeug – missbraucht wird. Ein bloßer *Gefährdungs*vorsatz reicht für § 315b nicht aus.

Gutachten: Sie sollten hieraus keinen Gegensatz (oder gar Meinungsstreit) konstruieren, sondern unter Verwendung aller drei Begriffe darlegen, ob bzw. dass ein „verkehrsfeindlicher Inneneingriff" vorliegt.

BEISPIELE: § 315b bei: Kfz als Tötungsmittel; Kfz als „Rammbock" um Straßensperre zu durchbrechen; nicht aber allein durch scharfes Abbremsen.

§ 315c bei Verfolgungsjagd, weil hier die Fortbewegung als primärer Zweck im Mittelpunkt stehe.

Achtung! Der Schädigungsvorsatz als besonders verkehrsfeindliche Gesinnung muss bei „normalen" Außeneingriffen (z.B. Steinwurf von Autobahnbrücke) zur Bejahung von § 315b natürlich nicht vorliegen.

Ⓟ Verkehrsfeindlicher Inneneingriff bei Beifahrern

Täter i.S.v. § 315b I kann jeder – auch der Beifahrer – sein, der das tatbestandsmäßige Geschehen im Sinne der Nrn 1 bis 3 beherrscht; dies gilt auch im Fall des sogenannten verkehrsfremden Inneneingriffs (OLG Hamm, 4 RVs 159/16, RA 2017, 217 = JuS 2017, 563).
[Fall: Plötzliches Öffnen der Beifahrertür eines fahrenden Pkws, um einen neben dem Pkw befindlichen Radfahrer „auffahren" zu lassen.]
Nach verbreiteter Auffassung gelten die zum verkehrsfeindlichen Inneneingriff entwickelten restriktiven Grundsätze auch für den Beifahrer, der eigenmächtig in das Steuer greift oder die Handbremse zieht (Eisele, BT I, Rn 1152; Rengier, BT II, § 45 Rn 33). Konsequenz dieses Standpunkts ist, dass der Beifahrer § 315b I Nr. 3 nur erfüllt, wenn er das Fahrzeug in verkehrsfeindlicher Absicht – mit Schädigungsvorsatz – seinem Zweck als Verkehrsmittel entfremden will. Nach der Gegenauffassung vermag jedoch nicht zu überzeugen, den Beifahrer, dem im Hinblick auf den Steuerungsvorgang des Fahrzeugs überhaupt keine Funktion zukomme, generell an der strafrechtlichen Privilegierung des Fahrzeugführers teilhaben zu lassen. Greife der Beifahrer in Steuerungsvorgänge ein, so stelle dies eine externe Störung des Fahr- und Verkehrsablaufs dar, die nicht vom Schutzbereich des § 315c I Nr. 2 erfasst werde. Derartige Eingriffe seien somit als verkehrsfremde Außeneingriffe zu qualifizieren, so dass es der Feststellung einer Pervertierungsabsicht nicht bedürfe (Hecker, JuS 2017, 563, 564 f.).

Ⓟ Erfolgseintritt außerhalb des Straßenverkehrs

§ 315b wird nicht schon dadurch ausgeschlossen, dass die konkrete Gefahr oder gar der Schaden außerhalb des öffentlichen Verkehrsraums eintritt, etwa, wenn der Täter sein Opfer bereits von der öffentlichen Straße aus mit dem Fahrzeug verfolgt, aber erst außerhalb des öffentlichen Verkehrsraums erfasst.

Voraussetzung dafür ist jedoch, dass sich das Opfer in dem Zeitpunkt, in dem der Täter zur Verwirklichung des Tatbestandes der Straßenverkehrsgefährdung durch zweckwidrigen Einsatz des Fahrzeugs als Waffe oder Schadenswerkzeug unmittelbar ansetzt, noch im öffentlichen Raum befindet, die abstrakte Gefahr also noch im öffentlichen Verkehrsraum entsteht. Hält sich das Opfer zu diesem Zeitpunkt außerhalb des öffentlichen Verkehrsraums auf, fehlt es an einer Beeinträchtigung der Sicherheit des Straßenverkehrs und damit an einer tatbestandlichen Voraussetzung für die Anwendbarkeit des § 315b.

ⓟ Schuss, welcher die Karosserie durchschlägt

Unter einer konkreten Gefahr können nur **verkehrsspezifische Gefahren** verstanden werden. Dies sind nur solche, die – jedenfalls auch – auf die Wirkungsweise der für Verkehrsvorgänge typischen Fortbewegungskräfte (Dynamik des Straßenverkehrs) zurückzuführen sind.

Daran fehlt es, wenn **Schüsse** die Karosserie durchschlagen, ohne jedoch die Fahrsicherheit zu beeinträchtigen und der Schaden ausschließlich auf der durch die Pistolenschüsse freigesetzten Dynamik der auftreffenden Projektile beruht. In Betracht kommt aber ein Versuch, wenn der Täter billigt, dass es infolge der Schüsse zu einem Beinahe-Unfall kommt.

VERBOTENE KRAFTFAHRZEUGRENNEN, § 315d

SCHEMA MIT DEFINITIONEN UND PROBLEMEN

I. Tatbestand Grunddelikt, § 315d I

1. **Im Straßenverkehr**

2. **Tathandlung Abs. 1 Nr. 1, 3**

   a) **Nr. 1: Ausrichtung oder Durchführung nicht erlaubten Kfz-Rennens**

   > **DEFINITION**
   > Ein nicht genehmigtes Kraftfahrzeugrennen liegt vor, wenn eine Genehmigung nach § 46 II 1, 3 StVO fehlt.
   >
   > Kraftfahrzeuge sind nach der Legaldefinition des § 248b IV solche Fahrzeuge, die durch Maschinenkraft bewegt werden.
   >
   > Ein Rennen ist ein Wettbewerb oder Wettbewerbsteil zur Erzielung von Höchstgeschwindigkeiten mit Kraftfahrzeugen, bei denen zwischen mindestens zwei Teilnehmern ein Sieger durch Erzielung einer möglichst hohen Geschwindigkeit ermittelt wird, wobei es einer vorherigen Absprache aller Beteiligten nicht bedarf.
   >
   > Ausrichter ist, wer als geistiger und praktischer Urheber, Planer und Veranstalter die Veranstaltung (hier: das Rennen) vorbereitet, organisiert oder eigenverantwortlich ins Werk setzt.

   b) **Nr. 2: Teilnahme als Kfz-Führer an nicht erlaubtem Kfz-Rennen**
      - ℗ Begriff der Teilnahme

   c) **Nr. 3: das „Rasen"**
      - ℗ Der „Alleinraser"

3. **Vorsatz bzgl. 1, 2**

II. Tatbestand Qualifikation, § 315d II

1. **In Fällen des Abs. 1 Nr. 2, 3: Konkrete Gefährdung von Leib oder Leben eines anderen Menschen oder fremder Sachen von bedeutendem Wert**
   - ℗ Zurechnung der Gefährdung Unbeteiligter

2. **Zurechnungszusammenhang**
   Wie bei § 315c dürfte es auch bei § 315d notwendig sein, dass die konkrete Gefahr gerade durch das pönalisierte Verhalten eintritt.
   Daran fehlt es, wenn es auch ohne das verbotene Kraftfahrzeugrennen zur konkreten Gefahr gekommen wäre.

3. **Vorsatz bzgl. 1, 2**

   [4. **Fahrlässigkeit bzgl. Gefährdung wenn kein entspr. Vorsatz (§ 315d IV)**]

III. Tatbestand Erfolgsqualifikation gem. § 315d V

1. **In Fällen des Abs. 2: Verursachung des Todes oder einer schweren Gesundheitsschädigung eines anderen Menschen oder eine Gesundheitsschädigung einer großen Zahl von Menschen**

2. **Unmittelbarkeitszusammenhang**

IV. Rechtswidrigkeit

V. Schuld

DIE PROBLEME – LÖSUNGSANSÄTZE

℗ § 315d I Nr. 2: Begriff der Teilnahme

Die „Teilnahme" als Kraftfahrzeugführer beschreibt nicht die Beteiligungsform im Sinne des § 28 II, wo Teilnehmer als Anstifter oder Gehilfe legal definiert ist.

Teilnehmen ist hier die Mitwirkung, das „Mitmachen" am Rennen. „Als Kraftfahrzeugführer" handelt nicht etwa ein Streckenposten oder ein Startzeichengeber. Kraftfahrzeugführer ist also, wer verantwortlich für Beschleunigung, Bremsen oder Lenkung ist, regelmäßig mithin nicht der Beifahrer. Folge: **Eigenhändiges Delikt**.

℗ § 315d I Nr. 3: Der „Alleinraser"

Nr. 3 ist abstraktes Gefährdungsdelikt sind regelt Fälle, in denen nur ein einziger Fahrer objektiv und subjektiv ein Kraftfahrzeugrennen quasi „nachstellt".

Die Merkmale **grob verkehrswidrig und rücksichtslos** orientieren sich an § 315c I Nr. 2. Sie beziehen sich auf die Tathandlung (das Fahren mit nicht angepasster Geschwindigkeit). Dabei kann sich die grobe Verkehrswidrigkeit allein aus der besonderen Massivität des Geschwindigkeitsverstoßes oder aus begleitenden anderweitigen Verkehrsverstößen ergeben, die in einem inneren Zusammenhang mit der nicht angepassten Geschwindigkeit stehen.

Subjektiv ist die **Absicht** erforderlich, eine **höchstmögliche Geschwindigkeit** zu erreichen, also die nach den Vorstellungen des Täters unter den konkreten situativen Gegebenheiten (wie Motorisierung, Verkehrslage, Streckenverlauf, Witterungs- und Sichtverhältnisse etc.) maximal mögliche Geschwindigkeit. Weiterhin muss sich die Absicht auf eine nicht ganz unerhebliche Wegstrecke beziehen. Die Absicht, muss schließlich nicht Endziel oder Hauptbeweggrund des Handelns sein. Es reicht aus, dass der Täter das Erreichen der situativen Grenzgeschwindigkeit als aus seiner Sicht **notwendiges Zwischenziel** anstrebt, um ein weiteres Handlungsziel zu erreichen (z.B. **Flucht vor der Polizei**). Bloße Geschwindigkeitsüberschreitungen werden hingegen nicht erfasst.

℗ Zurechnung der Gefährdung Unbeteiligter

Fraglich ist, inwiefern eine Zurechnung an den anderen Fahrer erfolgen kann, wenn ein Unbeteiligter durch einen der Fahrzeugführer gefährdet wird.

Sofern die Voraussetzungen des § 25 II vorliegen, also auch Vorsatz bzgl. der Gefährdung vorliegt, ist die Zurechnung möglich.

Bei Fahrlässigkeit bzgl. der Gefährdung gem. Abs. 4 kommt eine Unterbrechung des Zurechnungszusammenhangs durch das dazwischentretende Handeln des „primären" Verursachers in Betracht.

Jedoch: Der konkurrierende Fahrzeugführer, der nicht selbst einen „Beinahe-Unfall" baut, verletzt eine Sorgfaltspflicht, indem er an einem Rennen teilnimmt. Dabei entstehende Gefahren können für ihn vorhersehbar und vermeidbar sein. Weiterhin ist auch der Schutzbereich der Norm betroffen.